JORNAL DA CASA AZUL

Nº1 - OUTUBRO DE 1993

ADRIANA MORO

BIOGRAFIA DOS ANÔNIMOS

PESSOAS (IN)COMUNS E SEU DIREITO DE OCUPAR ESPAÇOS COMUNS

PREFÁCIO DE PAULO AMARANTE

KOTTER EDITORIAL

Coordenador Editorial
Sálvio Nienkötter

Editor Executivo
Claudecir de Oliveira Rocha

Editor Adjunto
Daniel Osiecki/ João Lucas Dusi

Capa
Jussara Salazar

Ilustração de Capa
Pauline Reynaud

Projeto Gráfico
Andre Luiz C. Mendes

Produção
Cristiane Luiza Nienkötter

Dados Internacionais de Catalogação na Publicação (CIP)
Angélica Ilacqua – CRB-8/7057

Moro, Adriana
Biografia dos anônimos : pessoas (In)comuns e seu direito de ocupar espaços comuns / Adriana Moro. — Curitiba : Kotter Editorial, 2023.
156p. : il.

ISBN 978-65-5361-190-0

1. Saúde mental 2. Saúde pública I. Título

23-1154 CDD 614

Kotter Editorial
Rua das Cerejeiras, 194
82700-510 | Curitiba/PR
+55 41 3585-5161 | www.kotter.com.br | contato@kotter.com.br

1ª Edição | 2023

Dedico este livro ao meu pai, Eraldo Moro.
Em meio a esta escrita, o susto da tua perda deu ainda mais ânimo
para eu me tornar cada vez mais o que você me ensinou a ser:
afetiva, generosa e simples.

Agradeço a Deus, à minha família[1], *aos amigos e outros colaboradores.*
Agradeço aos meus colegas de trabalho que junto comigo tentam
fazer o cuidado em saúde mental mais digno[2];
Agradeço de forma especial ao meu amigo Cláudio Luiz da Cunha Gastal
(mais conhecido simplesmente por Cláudio Gastal)
– pessoa por quem tenho tanta admiração e a quem sou
muito grata por tê-lo junto a mim, bem como outros
profissionais da saúde que têm escrito uma
história diferente para os "doentes" mentais do município de Mafra-SC,
por me ajudarem a escrever este livro com suas memórias potentes.
Agradeço também ao meu supervisor do pós-doutorado
Dr. Paulo Amarante – figura extraordinária, pesquisador incansável,
profissional incrível. Meu guia nesta jornada.
Agradeço aos fazedores da Casa Azul – usuários, familiares,
comunidade, profissionais. Sou grata por poder trazer
à "luz" e organizar esta história
dos desejosos de uma construção social na qual a loucura não
precise de isolamento e repressão, onde os anônimos possam "ser".

1 Em especial ao meu companheiro Andreas Scheuer Neto que me auxiliou na formatação, diagramação, além de me apoiar em todos os momentos da pesquisa e meu filho Davi Moro Scheuer, luz dos meus dias.

2 Agradeço especialmente aos estagiários do Caps I Casa Azul que me auxiliaram no tratamento das imagens e transcrições das entrevistas.

E se esquecêssemos, todos, a alegria plena da invenção dos primeiros Caps, do pioneiro trabalho cotidiano; ou das primeiras viagens, as caravanas de trabalhadores e usuários de Sul a Norte, nos encontros nacionais, ***ainda assim os territórios guardariam o traçado de linhas e becos, impasses e saídas****, que nele desenharam nossos passos; e nossos braços guardariam, inata, a lembrança de erguer esta bandeira.*

E se o cansaço de tanto trabalho*, por vezes insone, fosse esquecido – noites afora avançando nos textos, noites adentro seguindo nos sonhos –, ainda assim perduraria o desafio de tantas fronteiras, entre possível e impossível, entre vontade e ato. E, se disto lembrança alguma restasse, se a vigília nos fizesse esquecer o que sonhamos, ainda assim os sonhos nos visitariam, atrevidos, indóceis, sempre mais uma vez. (LOBOSQUE, 2020, p.23)*[3]

3 LOBOSQUE, Ana Marta. *Intervenções em saúde mental: um percurso pela reforma psiquiátrica brasileira*. Editora: Hucitec. Edição: 1, 2020.

SUMÁRIO

PREFÁCIO

(In)comuns somos todos nós, e todos queremos viver!

Quando me formei em medicina, no final dos anos 1970, a psiquiatria brasileira era realizada quase que exclusivamente em hospícios, ou manicômios, como são mais conhecidos. Existiam centenas de hospícios pelo país a fora, que mantinham internadas mais de 80 mil pessoas, de acordo com a estimativa do Prof. Luiz Cerqueira em seu livro "Problemas brasileiros de psiquiatria social" (Cerqueira 1984). Eram internações que duravam muito anos; duravam muitas décadas. Ser internado num hospício praticamente significava ser enterrado vivo (recordo aqui o clássico livro inacabado de Lima Barreto, "O Cemitério dos Vivos" sobre sua própria internação no Hospício Nacional de Alienados no Rio de Janeiro).

Eu conheci muitos destes manicômios: eram terríveis, fedorentos, imundos. Os internos, em sua maioria, andavam nus. Misturados adultos e crianças, homens e mulheres, lembravam os piores campos de concentração; campos de refugiados, campos de extermínio. Não é sem razão que quando o psiquiatra italiano Franco Basaglia, fundador do Movimento Psiquiatria Democrática, comparou as cenas que presenciou em um hospital psiquiátrico em Barbacena (MG), às de um campo de concentração nazista. O que diria Basaglia se tivesse ido também ao hospital colônia de Juquery, em São Paulo, cujo número de internos (não contabilizados devido ao grande abandono ao qual as pessoas eram submetidas) oscilava sempre para mais de 20 mil!

Muitos profissionais que se formavam naquela época, assim como eu, não aceitaram trabalhar naquelas condições de serem uma espécie de carcereiros de loucos. E assim nasceu um grande movimento de âmbito nacional que passou a ser conhecido como reforma psiquiátrica. Era necessário não apenas que aquelas instituições de segregação, de violência e abandono fossem fechadas porque em nada poderiam ser confundidas com instituições de saúde.

A postura questionadora e inconformada daqueles e daquelas jovens não esmoreceu ou foi esquecida, como muitos projetos e sonhos da juventude. Passadas mais de quatro décadas deste movimento foram fechadas cerca de 70 mil vagas de internação em manicômios no Brasil. Falo em vagas porque, nem com muita boa vontade, poderiam ser denominados de leitos: existiam instituições superlotadas nas quais as pessoas dormiam em "leitos-chão", isto é, no chão, dividiam camas ou celas, ou dormiam nas famosas enfermarias de Barbacena, aos montes, em cima de palhas de colchão espalhadas pelo piso, conforme ficou registrado e imortalizado no clássico curta-metragem "Em nome da Razão" de Helvécio Ratton (1979).

Mas, é importante que se diga bem claramente, em que pese a violência exercida por este modelo asilar-manicomial, excludente, mortificador e tudo o mais, não bastaria simplesmente fechar tais instituições. Seria necessário construir um modelo "substitutivo", como decidimos nomeá-lo, no qual as pessoas em sofrimento psíquico ou em outras condições de vulnerabilidade fossem efetivamente escutadas, acolhidas, cuidadas. Um trabalho artesanal, homeopático, cotidiano, cauteloso, cuidadoso, de construção de uma outra forma de cuidado em liberdade, de cuidado pessoal ao mesmo tempo que em processo coletivo, de construção de práticas de auto-responsabilização, de autocuidado.

Seguindo a orientação de Franco Basaglia, nossa referência fundamental, seria necessário colocar a doença mental entre parênteses para se voltar para as pessoas concretas, suas histórias de vida, sofrimentos, desejos, projetos, sonhos, limitações! A psiquiatria, afirmava Basaglia, colocou as pessoas entre parênteses e se ocupou de doenças que, em última instância, são expressões abstratas e que não existem sem as pessoas. As esquizofrenias não existem fora de sujeitos e, mais ainda, de sujeitos em relação entre si e com a sociedade. Ao colocar a doença entre parênteses nos deparamos com pessoas reais, em suas experiências-sofrimento, assim como, de resto, somos todos nós.

Enfim, o modelo assistencial, que era composto apenas de manicômios, passou a se transformar e se constituir em "rede substitutiva", com uma variedade expressiva de serviços, dispositivos e estratégias de inclusão social, de redefinição da relação loucura/transtorno mental – sociedade, de retomada ou ocupação dos espaços da cidade por pessoas que antes eram confinadas nos guetos institucionais. Os milhares de vagas fechadas significam que milhares de vidas foram reinventadas, redescobertas, reconstruídas, libertadas, absolvidas. Mas significaram também que muitas outras vidas, que seriam tradicionalmente encarceradas naquelas instituições, fossem salvas para não terem o mesmo destino, a mesma carreira moral institucionalizada.

No lugar dos manicômios passaram a existir centros de convivência e cultura, cooperativas e projetos de geração de renda, residências assistidas, projetos de intervenção e produção de arte-cultura, associações e outras estratégias de participação social. A reforma psiquiátrica brasileira mudava a cara da saúde mental no país e passaria a ser reconhecida por organismos, instituições e autores de várias partes do mundo.

O presente livro, de Adriana Moro, nos fala sobre esse processo cuidadoso de reinvenção do cuidado no campo da saúde mental e atenção psicossocial. Nos fala como se trata de um processo de responsabilização pelo outro, um outro singular que, por suas especificidades, tem limitações em sua capacidade de autonomia e protagonismo, mas que pode ser transformada por esta nova forma de tratar em liberdade, com direitos e cidadania, que está sendo construída no âmbito da reforma psiquiátrica.

O título do livro, por si só já diz muito do que é fundamental neste processo: biografia dos anônimos, eram aquelas pessoas sem nome ou identidade que eram mantidas nos porões dos manicômios (relembrando outra referência clássica neste processo que é o livro "Os porões da loucura", de Hiram Firmino, também sobre o manicômio de Barbacena).

Eram, na verdade, não-pessoas. Pessoas que não tinham direitos, roupas, cuidado, nem mesmo alimentação, como pode ser constatado em inúmeras fotografias da época.

E, ainda sobre o título, o processo da reforma psiquiátrica recusou as afirmativas da psiquiatria ortodoxa de que seriam pessoas perigosas, alienadas, irracionais, incapazes, insensatas! E defendeu e provou a sua possibilidade de se tornarem pessoas com direitos, fundamentalmente o direito de ocupar a cidade, a *pólis*, o espaço coletivo da cidade.

No fundo no fundo, "de perto ninguém é normal", observa Caetano Veloso na música "Vaca Profana", frase esta que se tornou um dos lemas mais marcantes do movimento da luta antimanicomial, por colocar em questão o princípio ontológico da normalidade (e, portanto, da anormalidade): no fundo no fundo todos somos incomuns e temos direitos de ocupar todos os espaços e usufruir de todas as políticas e bens que existem na sociedade.

Temos muito o que agradecer a Adriana Moro, por nos ter presenteado este livro, com o registro detalhado, cuidadoso e profundo do todo o processo de construção do Grupo Esperança Casa Azul de Mafra é, ao mesmo tempo, uma lição de clínica da atenção psicossocial e uma lição de cidadania, de luta e transformação social e política, do saber esperançar!

Paulo Amarante
Médico Psiquiatra.
Presidente de honra da Associação Brasileira de Saúde Mental (ABRASME).
Um dos precursores da Reforma Psiquiátrica no Brasil.

PRÓLOGO

Este livro é um dos produtos do estágio de pós-doutorado em Saúde Pública da Escola Nacional de Saúde Pública Sérgio Arouca/ Ensp-Fiocruz, realizado entre 2021 e 2022, em meio à crise econômica e social que o Brasil estava vivenciando, resultado da pandemia de covid-19 e de políticas de austeridade[4].

Apesar de ser referenciado como de minha autoria, escolho dizer que foi um livro escrito a muitas mãos – feito de diálogos, de sonhos – ou, ainda, a muitos pés que, na caminhada da luta antimanicomial, percorreram trilhas que por vezes pareciam sem saída para ocupar e/ou auxiliar na busca pelo direito de ocupar os espaços comuns da sociedade.

O meu problema "pessoal", no momento em que iniciei esta escrita, era como cuidar melhor dos usuários de saúde mental colocados ao meu cuidado. Inquietava-me pensar em como eu poderia, no meu pequeno mundo, fazer algo por aqueles que são cerceados de sua liberdade sem sequer se dar conta disso.

Um problema que não costuma ser destaque nas manchetes dos jornais e não mobiliza governantes, não é alvo de grandes negociações de figuras públicas, mas afeta direta e indiretamente milhares de indivíduos, seus familiares e a comunidade de que fazem parte, afetando também a mim – enfermeira de formação, entusiasta do SUS e da participação social – que, por muitas vezes, tenho vontade de desistir por não encontrar as respostas para determinadas perguntas (talvez porque não haja uma resposta única e definitiva), por achar que tem poucas ferramentas para cuidar de doentes mentais (será?), porque algumas técnicas não surtem resultados (e quais resultados eu espero? E quais técnicas funcionariam?).

4 Não fui bolsista! Neste período as bolsas de estudos no Brasil estavam escassas.

Observando que as pessoas ao redor do Caps em que trabalho não têm o mínimo para viver e tentando eu estar no controle de algo que depende de tantos outros fatores, algumas questões me tomavam o peito: como lidar com o pequeno manicômio que ainda existe dentro de mim[5] e de meus colegas de trabalho? Como me ocupar da história do movimento social que precedeu o Caps I, onde eu atuo, para ser menos medicalizante, mais intuitiva e sensível às reais condições do "outro"? Como favorecer e/ou apoiar as pessoas tão (in)comuns (peculiares) que atendemos para que ocupem os espaços comuns sem estar no controle ou intervir no seu modo de vida, querendo que seja como eu idealizo e não como essas pessoas os entendem?

Em meio a um cenário que se multiplica pelo Brasil (de uma saúde mental "desfinanciada", com descontinuidade dos processos de trabalho por equipes esvaziadas e as pessoas virando números sem sequer nos darmos conta), as crises do sistema se confundiam com as minhas crises pessoais e, na fuga, achando que estava sozinha, fui apresentada pelo meu supervisor do pós-doutorado, Paulo, a uma enfermeira que, como eu, estava em busca de uma ressignificação do seu fazer. Ele disse "você precisa ler este livro".

E, em tom de quase poesia para meus ouvidos necessitados, as palavras de Dalmolin vieram me devolver o ânimo para o meu fazer diário:

> Para apreender os modos de vida do outro, tive de trabalhar minha própria disponibilidade interna, de desfazer-me o quanto possível dos (pré) conceitos em relação ao que me era estranho, enfim, tive de olhar o outro ao mesmo tempo que me olhava. (DALMOLIN, 2006, p.54)[6]

E, ao ler Bernadete Maria Dalmolin (2006) e confrontar-me comigo mesma, lembrei o que me motivava e tive esperanças e forças para

5 Conceito que aprendi com meu amigo psiquiatra Marcelo Dias (*In memoriam*).

6 DAMOLIN, Bernadete Maria. *Esperança equilibrista: cartografia de sujeitos em sofrimento psíquico*. Rio de Janeiro: Editora Fiocruz, 2006.

dar continuidade a este projeto: saber de onde partimos para continuar a caminhar.

Para tentar pensar sobre essas questões, tomei algum direcionamento conceitual de Elinor Ostrom[7] para compor o título deste livro. Ela investiga com rigor científico a capacidade de cooperar e construir instituições e sistemas de gestão duradouros para a preservação dos "comuns". Ostrom elenca alguns pontos necessários para se ter algo em comum, por exemplo: os arranjos de decisão coletiva, mecanismos de resolução de conflitos, reconhecimento mínimo dos direitos, além de ver os seres humanos como "criaturas adaptativas que tentam prosperar". Entre tantos outros aspectos em que o comum foi promovido, esses que citamos em específico fizeram parte daquilo que foi a Associação Esperança Casa Azul.

É com gratidão que apresento um pequeno compilado das pessoas, relações e intenções que permearam esta história. A *BIOGRAFIA DOS ANÔNIMOS* pretende resgatar os créditos da história daqueles que construíram a Associação Grupo Esperança Casa Azul, ressaltar o quanto a participação social é importante nas políticas públicas e lembrar que não podemos deixá-la se perder na ditadura dos opressores atuais e futuros.

O resultado dessa pesquisa é um livro de não ficção e relato não jornalístico (por eu não ter esta formação), mas que, por seu cunho de apuração das notícias, traz uma boa oportunidade de resgate da história e de conceitos em que pessoas (in)comuns seguem na conquista do seu direito de ocupar espaços comuns (coisas compartilhadas por uma comunidade)[8]. Há momentos em que este livro será mais acadêmico, em outros momentos será muito pessoal. Não pretendendo ser uma história única, mas apenas um ponto de vista que me foi contado, uma versão

7 OSTROM, Elinor. *Governing the Commons: the Evolution of institutions or collective action*. Cambridge University Press, 1990.

8 Conceito emprestado de: VIEIRA, Miguel Said. *Os bens comuns intelectuais e a mercantilização*. São Paulo: Faculdade de Educação, Tese de Doutorado, Universidade de São Paulo, 2014.

da história. A história deste castelo azul – ideia sugerida por um participante um pouco delirante - que, por decisão da maioria dos demais participantes, passou a ser "Casa Azul"[9].

Junto ao nome "Casa Azul" os participantes incluíram a palavra "esperança" – Associação Esperança Casa Azul. Segundo narrou a enfermeira Eliz, isso ocorreu justamente porque estavam tendo esperança de tempos diferentes, esperança de melhorias em relação aos cuidados dos sofredores psíquicos até então marginalizados.

O castelo azul, ideia primeira do nome da associação não foi esquecido faz parte da capa deste livro. A ilustração foi criada por uma usuária de saúde mental que o retratou em todo seu glamour, imaginando-o com as salas amplas, portas e janelas sempre abertas, o jardim, para que possa ser tomado por todos os que desejem usufruí-lo em liberdade, pela comunidade, pelos (in)comuns. Também a ilustração da primeira edição do *Jornal da Casa Azul*, que foi desenhada pelo próprio Cláudio Gastal, fundador da Associação, está presente na folha de rosto do livro.

Espero que esta história toque outros corações como tocou o meu! Que enriqueça-os ao ler, como me foi enriquecedora a experiência de (re)escrevê-la!

9 Os demais participantes acharam a ideia inicial sugerida "castelo azul" um pouco exagerada.

1. INTRODUÇÃO

1.1 O QUE DEFINE O "SER" LOUCO NA HISTÓRIA?

> *Eles nunca me deram um pouco de apoio moral... eles me tratam como se eu fosse uma criança de dois aninhos... me repreendem em tudo... gritam comigo... por Deus Nosso Senhor, como eu sou tratada pior que um bichinho de estimação... por isso que minha doença não endireita, ...! Os lojistas não querem me atender de jeito nenhum. Eu quero comprar coisas bonitas... eu tinha crediário aqui em Mafra... e perdi tudo, os créditos... eles vivem só me tapeando, os lojistas, isso me dói, será que não sou um ser humano?* (Elisa, ex-participante da Casa Azul, em 09/12/1993 – Vídeo do arquivo pessoal Claudio Gastal – Primeira participação do Grupo Esperança Casa Azul em Feira Pública)

Você já imaginou como seria a sua vida se você não pudesse ter o direito de ir e vir quando precisasse ou quisesse? Não poder ir ao mercado comprar alimento quando tem fome, ou não poder ter acesso ao dinheiro para comprar material para fazer sua higiene pessoal e coisas bonitas para se arrumar? Ou ainda, você consegue se imaginar sem poder andar nas ruas, falar com as pessoas sem tê-las olhando-o com medo devido à sua condição de saúde? Já pensou se sua família quisesse esconder você em um porão ou mandar para longe de casa por conta de uma doença?

A maioria de nós talvez nunca tenha feito esses questionamentos a si mesmo, mas, durante muito tempo, talvez até uns poucos anos atrás – antes de termos o movimento da luta antimanicomial e as primeiras políticas públicas que instituíssem serviços substitutivos aos manicômios para o tratamento da loucura – era essa a realidade de milhares de brasileiros, assim como de outras pessoas diagnosticadas com doenças mentais pelo mundo. Uma vida solitária, mal vivida ou quase sempre não vivida, mas aprisionada, por apresentar essa condição de ser diferente do modelo social, daquilo considerado socialmente aceitável.

Ouvir vozes, falar com elas, ver vultos, apresentar sentimentos ambíguos, descontrole emocional, não realizar minimamente os cuidados com a aparência e a higiene. Por essas e outras características, a loucura sempre foi objeto de estranhamento ao longo dos tempos em todo o mundo. Há várias referências de pessoas que ouviam vozes ou que tinham comportamentos estranhos, demoníacos, fora da sua normalidade, até mesmo no livro mais famoso do mundo: a Bíblia.

Essas manifestações das doenças mentais passaram por diversas explicações no decorrer dos tempos. A loucura já foi considerada manifestações dos deuses, como ocorria na Grécia Antiga, e ação das forças da natureza, como no início da Idade Média. Já no final da Idade Média os loucos eram julgados pessoas possuídas por maus espíritos.

A verdade é que a loucura sempre foi muito mitificada, por isso pode ser vista como uma experiência social encarada de maneira diversa dependendo da cultura e da experiência dos grupos sociais em que ocorre. Trata-se de uma questão cercada de medo, pois o medo é inerente àquilo que não se conhece. E, se até hoje não existem certezas sobre os mecanismos das doenças da mente, como querer isso no passado?

O que não se pode negar é que o preconceito veio cercando a loucura em vários tempos, principalmente após o século XVII, quando o racionalismo levou todos a acreditarem que o louco é aquele que ignora a moral, que o ser humano que vivencia a doença mental é violento e deve ficar isolado. Pensar a loucura e o louco dessa forma foi uma maneira de se proteger do desconhecido, daquilo que não se consegue controlar.

Somente no século XVIII a loucura passou a ser vista como doença mental; todavia o saber médico, ao dela se apropriar– sem ter talvez instrumental suficiente para contê-la –, fechou-a, isolou-a entre os muros dos manicômios junto com os outros doentes considerados alienados, como os mendigos e as prostitutas, os que não se adequavam à sociedade.

O que talvez não tenha sido levado em consideração naquela época, e que hoje conseguimos enxergar, é que a doença mental – ou transtorno mental, nomenclatura mais utilizada atualmente (AMARANTE, 2021)[10] – é semelhante a outra doença e as pessoas que a vivenciam merecem conviver socialmente e "ser" na sociedade. O "perigo" que essas doenças impõem à sociedade está muito mais relacionado ao fato de essas pessoas não serem compreendidas em suas singularidades.

No início do Século XX, os manicômios se encheram por conta das políticas de financiamento, as quais fizeram com que não se considerasse tanto a recuperação dos indivíduos quanto o aumento da assistência, política essa que ampliou o descaso e os maus-tratos. Os manicômios ficaram superlotados, e, para conter gastos, mantinham os doentes com pouca comida, poucos funcionários e nenhuma atividade ressocializante. Eram verdadeiros criadouros de piolhos que cronificavam os doentes.

As pessoas que eram colocadas nesses manicômios eram as consideradas amorais – mendigos, prostitutas, gestantes fora do casamento, dentre outras –, as quais dividiam os manicômios com os diagnosticados como doentes mentais e acabavam desenvolvendo transtornos mentais relacionados aos maus tratos e às condições insalubres dos ambientes (ARBEX, 2019).

1.2 AOS "LOUCOS" UM POUCO DE LUZ

Após a II Guerra Mundial, iniciaram-se os primeiros movimentos da reforma psiquiátrica no mundo, com o objetivo de desenvolver outras formas de cuidado com a doença mental, evitando os internamen-

10 AMARANTE, Paulo. *Loucura e transformação social: Autobiografia da reforma psiquiátrica no Brasil.* São Paulo: Zagodoni, 2021.

tos desnecessários e os de longa permanência. A primeira lei relacionada ao tema foi sancionada na Itália no ano de 1978 por meio dos trabalhos de Franco Basaglia.

Basaglia afirmava seu desejo de fazer uma psiquiatria democrática, para as pessoas e com as pessoas. Dessa forma, a questão da participação social, muito presente neste contexto, tornou-se ator fundamental no campo da saúde mental, assim como na estruturação das Políticas Públicas de Saúde.

No Brasil, apesar da referência à reforma psiquiátrica estar datada de 1970, a criação do primeiro ambulatório como alternativa às internações ocorreu somente em 1980 (AMARANTE, 2021).

Em 1987, ocorreu no Brasil a primeira Conferência de Saúde Mental que orientava os trabalhadores de saúde mental a realizarem esforços junto à sociedade civil com a finalidade de combater a psiquiatrização social e reforçando a necessidade de mais participação da população na causa do tratamento aos "loucos", além de enfatizar o direito desses excluídos à cidadania. O que veio subsidiar o projeto de lei apresentado dois anos mais tarde por Paulo Delgado.

Mas esse cuidado baseado em outras alternativas e modelos para além do manicômio somente se deu de forma melhorada com a reforma sanitária e a promulgação da Constituição brasileira em 1988, a qual assegura o direito à saúde e ao cuidado humanizado, independente da sua condição[11].

Amarante (2021, p.17), citando Birman (1992), aponta que a Reforma Psiquiátrica brasileira não tem como seu objetivo maior tratar de maneira mais humana e da melhor forma técnica possível as pessoas com diagnóstico de transtorno mental:

> Trata-se de um processo que busca intervir no campo das relações da sociedade com a loucura, transformando tais relações, por um lado,

11 AMARANTE, Paulo. *Loucos pela Vida: a trajetória da reforma psiquiátrica no Brasil* (2003).

> através de práticas contra a exclusão e, por outro, de estratégias de inclusão social dos sujeitos (BIRMAN apud AMARANTE, 2021, p.17).

Muito de todo esse movimento foi realizado pelos profissionais e pelas famílias dos usuários de saúde mental. Vários fatos foram significativos, mas aqui vamos citar o II Encontro de Entidades de Usuários e Familiares da Luta Antimanicomial, em 1993, no qual foi formulada a Carta de Direitos dos Usuários de Serviços de saúde Mental, sendo que uma das principais reinvindicações era que os pacientes passassem a ser chamados e "vistos" como usuários. Essa mudança de conceito diz respeito às pessoas deixarem de ser passivas do cuidado e sim ativas diante de suas situações de vida e saúde (AMARANTE, 2021).

As lutas foram constantes não só na dimensão do campo social, mas também na dimensão jurídica.

Paulo Delgado, professor e sociólogo brasileiro, foi um dos deputados constituintes que propôs a regulamentação dos direitos da pessoa com transtornos mentais e a extinção progressiva dos manicômios no país, todavia seu projeto foi rejeitado e o aprovado em substituição a ele – muito diferente do original– como Lei n.º 10.216 se deu em abril de 2001, levando seu nome: "Lei Paulo Delgado". Essa lei versa sobre a proteção dos direitos das pessoas com transtornos mentais.

> Refletindo o paradigma da psiquiatria tradicional, a dimensão jurídico-política se refere a insanos e insensatos perigosos, incapazes, irresponsáveis, despossuídos de direitos. Já no paradigma da Reforma Psiquiátrica, a mesma dimensão fala em sujeitos, em direitos, em cidadania, emancipação, reconhecimento, participação social e construção coletiva... Trata-se de uma ruptura fundamental! (AMARANTE, 2021, p.22).

Mesmo a Lei n.10.216 /01 tratando amplamente sobre o direito das pessoas com transtornos mentais, deixou trabalhadores, usuários de saúde mental e seus familiares com dificuldades de direcionamento a um modelo efetivamente substitutivo ao manicômio.

Amarante (2021) escreve que a Reforma Psiquiátrica é um processo social complexo. Não diz respeito somente a um local para esses "doentes mentais" serem assistidos, mas a um modelo no qual cada pessoa deve ser considerada e estimulada no seu potencial e na sua capacidade de fazer as atividades e de relacionar-se. Indo além do fechamento dos manicômios e da proposição de serviços substitutivos, a Reforma Psiquiátrica deve operar na produção de novos lugares sociais, romper com as representações do imaginário social cheia de pré-conceitos, envolvendo participação social e política de todos os atores envolvidos, iniciativas de trabalho, geração de renda, cooperativismo social, projetos artísticos e culturais, entre outras ações (AMARANTE, 2021).

1.2.1 A "LUZ" PARA SANTA CATARINA

O movimento da Reforma Psiquiátrica nacional tem muito mais eventos a serem destacados, mas, como a história que investigamos para este livro se passa em Santa Catarina, voltaremos no tempo para o ano de 1930, período em que a disciplina psiquiátrica se consolidava como científica no Brasil. A política de saúde mental passava à criação dos macro-hospitais públicos fundados no modelo das colônias agrícolas. Assim, Santa Catarina teve a fundação do seu primeiro hospital psiquiátrico nesses moldes, o hospital Colônia Sant' Ana, em São José, um dos últimos desse modelo segundo Costa (2010)[12]. Um local criado para limpar os centros urbanos dos males sociais, para internar indigentes, vadios, deficientes e loucos, baseado na política de higiene mental. Insalubre e superlotado.

Por um longo período, os doentes mentais ficaram à mercê da assistência medicalizante e excludente, sendo que as primeiras modifi-

12 COSTA, Jurandir Freire. *História da psiquiatria no Brasil: um corte ideológico*. Rio de Janeiro: Garamond, 2010.

cações da assistência psiquiátrica em Santa Catarina são datadas da década de 1970, quando técnicos da Organização Panamericana de Saúde (OPAS) começaram a capacitar médicos generalistas do interior em conhecimentos e intervenções psiquiátricas. Entre 1971 e 1975, contabilizaram-se 16 ambulatórios de saúde mental. Também foram criados leitos psiquiátricos em hospitais gerais, sendo os primeiros em Blumenau (PAULIN; TURATO, 2004)[13].

Segundo Paulin e Turato (2004) o Estado de Santa Catarina pode ser considerado como pioneiro no Brasil, sendo um dos únicos que desenvolveu uma política de saúde mental orientada pelos técnicos da Opas alinhados com a previdência social, prevendo uma prestação de Assistência Médica aos doentes mentais de forma descentralizada, sempre que possível oferecida na comunidade e com base em recursos extra-hospitalares. Por meio do decreto SES/10, de 24 de março de 1971, foi criada pela primeira vez uma seção de saúde mental no Departamento de Saúde Pública do Estado de Santa Catarina.

Seu pioneirismo foi tamanho que o Congresso da Sociedade de Psiquiatria, que ocorreu em 1979 na cidade de Balneário Camboriú, foi escolhido pelo grupo de profissionais que estava à frente da reforma psiquiátrica brasileira para consolidar o movimento. A experiência exitosa na saúde mental de Santa Catarina aconteceu durante o governo de Colombo Salles (entre 1971 e 1975), mas ainda é pouco conhecida segundo Schneider *et al* (2013)[14].

Os primeiros atendimentos em modelo Caps do Estado ocorreram em 1986 (SCHENEIDER et al, 2013), mesmo a política de criação dos Centros de Atenção Psicossocial sendo de 2002. Essa é uma história ainda muito recente!

13 PAULIN, Luiz Fernando.; TURATO, Egberto Ribeiro. *Antecedentes da reforma psiquiátrica no Brasil: as contradições dos anos 1970*. História, Ciências, saúde – Manguinhos, v.11, n.2. p.241-258. 2004.

14 SCHNEIDER, Daniela R.; et al. *Políticas de saúde mental em Santa Catarina nos anos 1970: vanguarda na psiquiatria brasileira?*

Segundo CSM/SP (1987), citado por Amarante (2021), o Caps foi definido como "estrutura intermediária" entre o hospital e a comunidade, o qual deveria oferecer às pessoas com doenças mentais um espaço institucional para atendê-las e instrumentalizá-las para o exercício da vida civil, oferecendo atenção integral (no sentido psicossocial) por meio de cuidados médicos, de atividades psicoterápicas, socioterápicas de arte, de terapia ocupacional com caráter multiprofissional, respeitando os indivíduos nas suas singularidades e no espaço da comunidade.

1.3 O CASO DA CASA AZUL NA CIDADE DE MAFRA-SC

> Os transtornos mentais não são a simples consequência das condições sociais adversas, mas se verificou que a pobreza, a falta de segurança, a violência e a falta de relações familiares saudáveis na infância e o trauma psicológico ou a experiência de perdas significativas são fatores que influenciam na vulnerabilidade das pessoas às doenças mentais e no curso que estas seguem (DESVIAT, 2018, p.24)[15]

Concomitante aos movimentos nacionais e estaduais da Reforma Psiquiátrica que aconteciam na década de 1990, no município de Mafra, no ano de 1993 teve início a formação de uma associação de profissionais, familiares e usuários de saúde mental – a Casa Azul. Por meio dela, reivindicou-se a criação do Caps hoje existente na cidade (veja a figura a seguir).

15 DESVIAT, Manuel. *Coabitar a diferença: da reforma psiquiátrica à saúde mental coletiva.* 1ª ed. São Paulo: Zagodoni, 2018.

Figura 01 – Registro fotográfico da fachada principal do Caps I Casa Azul de Mafra realizado em 2017 pelo então psicólogo da instituição Ramiro Schonardier. Fonte: Arquivos do Caps I Casa Azul de Mafra – SC

A criação dessa associação, designada como "Grupo Esperança Casa Azul", foi fruto da inquietude do médico psiquiatra Cláudio Gastal, baseado no modelo de atendimentos que vinham sendo realizados na cidade de São Lourenço do Sul[16] – RS pelo psiquiatra Flávio Resmini e sua equipe, conforme contou Cláudio Gastal e Heloisa Stockscheneider.

Inconformado com seus atendimentos ambulatoriais em psiquiatria no Hospital São Vicente de Paula (mais conhecido como Hospital de Mafra) e os altos índices de reinternamentos de seus pacientes, Cláudio viu na iniciativa de criação de um espaço de convívio para pessoas com diagnóstico de transtornos mentais uma luz. A iniciativa vinha ao encontro das correntes da Reforma Psiquiátrica no Brasil e no mundo.

16 Conhecida como "Nossa Casa" fundada em 1988, hoje dá espaço ao Caps I Nossa Casa de São Lourenço do Sul - RS.

> *Dr. Cláudio então mostrou pra nós um vídeo que recebeu de um amigo dele que também era psiquiatra em outra cidade. De uma casa que fazia estas reuniões, este tipo de cuidado aos doentes mentais. Então fez a proposta pra gente de que gostaria de fazer aqui em Mafra.* (Heloisa Stockscheneider, ex-participante da Casa Azul).

> *A ideia da criação da casa Azul foi do meu primo Claudio Gastal, psiquiatra.* – Conta Edhea Lazzari, ex-psicóloga da Casa Azul.

Para além de pessoas adoecidas mentalmente, Cláudio conta que encontrou em Mafra outros profissionais – da psicologia, do serviço social e de terapia ocupacional, dando ênfase ao trabalho incansável da enfermeira Denise Dallagnol, que era a única profissional da área graduada atuando na cidade de Mafra e Miriam Breineck, assistente social cedida por Rio Negro - PR – que compraram a causa na qual ele acreditava e, aos poucos, começaram a beber das mesmas fontes e ideais em um cenário novo e cheio de incertezas que era a Reforma Sanitária do país, as mudanças trazidas pelo SUS e os problemas para sua sustentabilidade.

A enfermeira Denise Dallagnol, citada por Cláudio, conta que se sentia imatura para trabalhar com saúde mental. As grades curriculares da época não orientavam a enfermagem a respeito do cuidado com os doentes mentais fora dos hospitais. Também não havia outro profissional de enfermagem na cidade que pudesse orientá-la a respeito, por isso, procurou sozinha se atualizar em relação ao tema:

> *Eu me formei em 1983 e comecei a trabalhar somente 10 anos depois de formada quando iniciei aqui em Mafra. Senti que eu tinha uma certa imaturidade para trabalhar com saúde mental na associação, então recorri aos estudos para me atualizar e me aperfeiçoar. Quando eu entrei na Casa azul, era tudo muito novo, eu não sabia direito o que fazer, pois eu era a única enfermeira e não tinha outro profissional da enfermagem que pudesse chegar para mim e me orientar com relação ao*

> *que eu tinha que desenvolver em meu trabalho. Eu entrei na Secretaria de saúde bem no processo de mudança que o sistema de saúde estava sofrendo após a Lei Orgânica da Saúde n.8.080/90, não era tarefa fácil* – Lembra Denise Dallagnol, ex-enfermeira da Casa Azul durante a entrevista para esta pesquisa.

O momento pelo qual o Brasil passava com a reforma sanitária pedia novas medidas de cuidados a todas as pessoas a fim de garantir seus direitos, conforme a lei do SUS e a Constituição. Assim, iniciaram o movimento de busca do direito das pessoas com doenças mentais na pequena cidade do Planalto Norte do interior do Estado de Santa Catarina. Parte disso, seria o tratamento em liberdade e a construção de um ambiente de convivência, que depois se tornaria um modelo para o funcionamento dos Centros de Atenção Psicossocial (Caps) de Mafra e da cidade vizinha: Rio Negro, no Paraná.

Nesse cenário de mulheres e homens nus correndo pelas ruas, como conta a ex-participante da Casa Azul Izete Colaço, lembrando sua própria experiência, com seus cabelos desgrenhados e sua sexualidade aflorada. Dotada de uma aparência peculiar, com seus arranjos de forma curiosa com objetos velhos, cacarecos, sacolas e bolsas, como escreveu Lebosque (2020), e nenhum crédito social.

A equipe liderada pelo médico Cláudio Gastal conta que encontrou as famílias também adoentadas socialmente pela exclusão social que a doença mental proporciona. Nelas se apoiando, conseguiram iniciar um pequeno movimento de luta antimanicomial, criando um espaço para que pudessem conviver e sonhar.

Nacionalmente, importantes movimentos "antipsiquiatrização" vinham acontecendo, a Reforma Sanitária já se desenhava no Brasil. Destaca-se:

> ... o I Congresso Nacional dos trabalhadores em saúde mental em janeiro de 1979 (...), a criação da Abrasco (Associação Brasileira de

> Pós-graduação em Saúde Coletiva) no mesmo ano (....), o VI Congresso Brasileiro de Psiquiatria em agosto de 1980; (...) foi convocada pra março de 1986 a 8ª Conferência Nacional de Saúde(...), surgindo amplamente o debate sobre a defesa dos direitos humanos dos pacientes psiquiátricos e as implicações econômicas, sociais políticas e ideológicas no processo.(AMARANTE, 2021, p.38-39)

Esse movimento formado junto às famílias, aos usuários de serviços de saúde mental e aos profissionais da região de Mafra deram origem à Casa Azul em 1993. Um local de convivência inovador, de desospitalização e de inclusão. Segundo comentou a enfermeira Eliz Maurer Caus, o movimento da Casa Azul de Mafra era muito bem visto pelas equipes do Estado de Santa Catarina. Assim como o comitê intermunicipal de saúde metal, que depois também foi formado.

> *A minha participação foi muito inicial e a gente estava junto nessa proposta que era inovadora. Eu não lembro muito bem desses momentos, mas eu acredito que assim era o doutor Fernando, que era o secretário de Mafra e o doutor Ferraz aqui em Rio Negro. Deve ter sido lá por 1992, mais ou menos. A gente participou de uma formação que teve lá em Florianópolis e foi lá, onde é hoje a escola de saúde, e as ideias que vinham, as discussões que vinham eram nesse sentido de trazer a inclusão do paciente de saúde mental, de dar a voz a ele, de ouvir os seus sentimentos e as suas necessidades, dando mais oportunidades a eles.* (Eliz Maurer Caus, ex-enfermeira da Comissão Intermunicipal de Saúde Mental de Mafra-SC e Rio Negro-PR)

A formação da comissão intermunicipal de saúde mental de Mafra e Rio Negro pode ser lembrada pelo documento mostrado na figura 02:

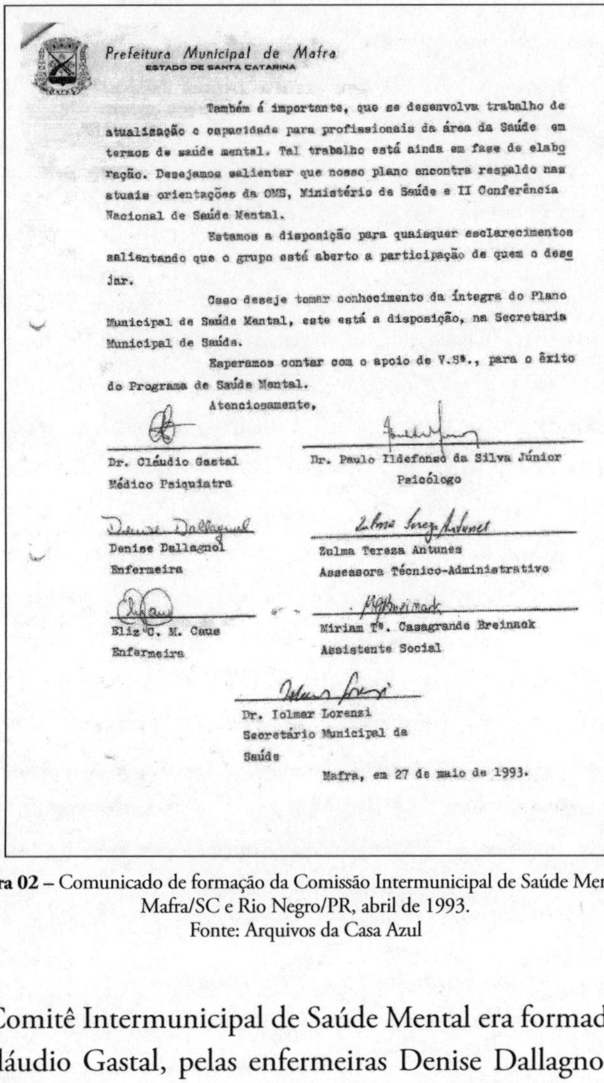

Prefeitura Municipal de Mafra
ESTADO DE SANTA CATARINA

Também é importante, que se desenvolva trabalho de atualização e capacidade para profissionais da área da Saúde em termos de saúde mental. Tal trabalho está ainda em fase de elaboração. Desejamos salientar que nosso plano encontra respaldo nas atuais orientações da OMS, Ministério da Saúde e II Conferência Nacional de Saúde Mental.

Estamos a disposição para quaisquer esclarecimentos salientando que o grupo está aberto a participação de quem o deseje.

Caso deseje tomar conhecimento da íntegra do Plano Municipal de Saúde Mental, este está a disposição, na Secretaria Municipal de Saúde.

Esperamos contar com o apoio de V.Sª., para o êxito do Programa de Saúde Mental.

Atenciosamente,

Dr. Cláudio Gastal
Médico Psiquiatra

Dr. Paulo Ildefonso da Silva Júnior
Psicólogo

Denise Dallagnol
Enfermeira

Zulma Tereza Antunes
Assessora Técnico-Administrativo

Eliz C. M. Caus
Enfermeira

Miriam Tª. Casagrande Breinack
Assistente Social

Dr. Iolmar Lorenzi
Secretário Municipal da Saúde

Mafra, em 27 de maio de 1993.

Figura 02 – Comunicado de formação da Comissão Intermunicipal de Saúde Mental de Mafra/SC e Rio Negro/PR, abril de 1993.
Fonte: Arquivos da Casa Azul

O Comitê Intermunicipal de Saúde Mental era formado pelo psiquiatra Cláudio Gastal, pelas enfermeiras Denise Dallagnol e Eliz C. Maurer Caus, pelo psicólogo Paulo Ildefonso da Silva Júnior, a Assessora Técnica Administrativa Zulma Tereza Antunes, a assistente Social Mirian T. Casagrande Breinack e o Secretário de Saúde Iolmar Lorenzi.

A gente comentava muito com a colega assistente social que éramos nós duas que tínhamos essa participação pela cidade vizinha de Rio Negro e ela também relatava muito que em outro encontro que ela foi - eu não

> *fui - Mafra estava com uma proposta que fazia eles (o estado) reverem e acordar diante de tantas outras propostas que eram todas iguais, mas diferentes da de Mafra! Mafra tinha uma proposta diferenciada e que isso fazia-os acordar e ter uma nova perspectiva também.* (Eliz C. Maurer Caus, enfermeira)

Em sua fala, Eliz se refere à "construção" de um espaço de convivência para os usuários de saúde mental, com participação da família e comunidade, que era a Associação Esperança Casa Azul.

No documento enviado ao Comitê Intermunicipal de Saúde mental de Mafra e Rio Negro, no ano de 1993, pela coordenação Estadual de Saúde Mental de Santa Catarina (figura 03), pode ver verificado o valor que a iniciativa da Casa Azul estava tendo perante o estado. O documento manifestava apoio ao Plano Municipal de Saúde Mental por se tratar de uma excelente proposta, inteiramente de acordo com a política estadual e nacional de saúde mental. Dizendo ainda que gostariam de acompanhar a sua implantação.

Essa história tão viva ainda na memória das pessoas que frequentam os Caps de Rio Negro-PR e Mafra-SC – cidades irmãs ligadas por uma ponte interestadual – às vezes é esquecida por quem rodeia tais serviços, mesmo a Casa Azul tendo sido a precursora dos Caps da região.

> *A discussão na época da comissão era em termos de uma proposta inovadora, de ser um local de esperança, tanto que o nome 'Esperança Casa Azul' era muito ligado a esse local que desse muita esperança e que fosse diferenciado. Aí nesses momentos de encontro, de participação em treinamentos, percebíamos um respeito muito grande pela proposta aqui de Rio Negro e Mafra.* (Eliz C. Maurer Caus, enfermeira)

Nesse contexto, atualmente Mafra também é considerada referência para o cuidado em liberdade no Estado de Santa Catarina, com suas práticas promovidas principalmente entre Caps e Atenção Primária em Saúde premiadas nacionalmente pelos serviços prestados em saúde mental nos últimos anos (2018/2019 - Edições Brasil Aqui Tem SUS – Figura 04). De toda forma, é essencial que se coloque luz e se conheçam as lutas dos antecessores desse Caps, os fazedores da Associação Esperança Casa Azul, sendo esse o objetivo maior da pesquisa que deu origem a este livro.

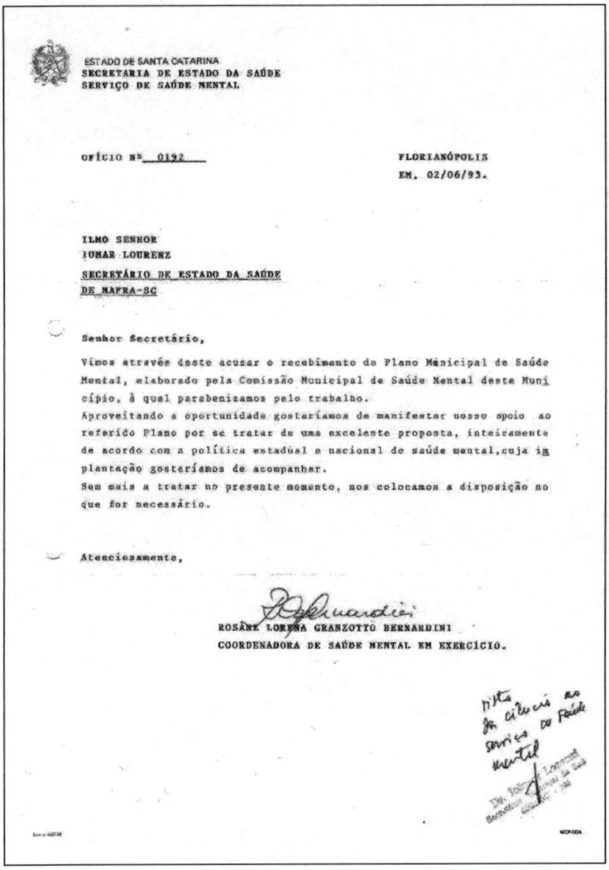

ESTADO DE SANTA CATARINA
SECRETARIA DE ESTADO DA SAÚDE
SERVIÇO DE SAÚDE MENTAL

OFÍCIO Nº 0192

FLORIANÓPOLIS
EM, 02/06/93.

ILMO SENHOR
IOMAR LOURENZ
SECRETÁRIO DE ESTADO DA SAÚDE
DE MAFRA-SC

Senhor Secretário,

Vimos através deste acusar o recebimento do Plano Mánicipal de Saúde Mental, elaborado pela Comissão Municipal de Saúde Mental deste Município, à qual parabenizamos pelo trabalho.
Aproveitando a oportunidade gostaríamos de manifestar uosso apoio ao referido Plano por se tratar de uma excelente proposta, inteiramente de acordo com a política estadùal e nacional de saúde mental, cuja implantação gostaríamos de acompanhar.
Sem mais a tratar no presente momento, nos colocamos a disposição no que for necessário.

Atenciosamente,

ROSÂNE LORENA GRANZOTTO BERNARDINI
COORDENADORA DE SAÚDE MENTAL EM EXERCÍCIO.

Figura 03 – Carta de apoio às ações de saúde mental da cidade de Mafra enviada pela Coordenação Estadual de Saúde Mental de Santa Catarina, 1993.
Fonte: Arquivos da Casa Azul

08 Sábado, 06 de julho de 2019
Edição nº 3212

Gazeta de Riomafra

Local

Saúde de Mafra é destaque nacional e recebe dois prêmios na "16ª Mostra Brasil, aqui tem SUS"

Inclusive como a melhor experiência de Santa Catarina

O trabalho realizado pela Saúde de Mafra foi mais uma vez reconhecido na "Mostra Brasil, aqui tem SUS". A premiação da 16ª evento, que faz parte do XXXV Congresso Nacional de Secretarias Municipais de Saúde, foi realizada na última quinta-feira, 4, no Centro de Convenções Ulysses Guimarães em Brasília.

A "Mostra Brasil, aqui tem SUS" deste ano bateu recorde de inscrições, com a apresentação de 500 experiências brasileiras de sucesso, de todos os estados do país. Mafra foi selecionada para apresentar sete das suas experiências exitosas.

DIÁLOGOS NO COTIDIANO DO SUS

Mais de cinco mil pessoas se inscreveram para participar do congresso, que trouxe neste ano a temática "Diálogos no Cotidiano do SUS". Entre os dias 2 e 5 de julho, foram mais de 20 atividades, entre mesas, seminários e oficinas, que culminaram na premiação da 16ª Mostra Brasil, aqui tem SUS. Além de reconhecer os melhores trabalhos em 11 temáticas, o encontro permitiu a troca de experiências e informações que impactam diretamente no fortalecimento da saúde pública brasileira.

PREMIAÇÕES

Ao todo, foram 80 experiências brasileiras premiadas. Mafra recebeu o prêmio de Melhor Experiência do estado de Santa Catarina, com o tema "A potência da visita compartilhada entre CAPS e Atenção Básica em Saúde Mental", de autoria de Adriana Moro, apresentado em Brasília por Patricia Wonsbecker. Como premiação, assim como os outros 25 trabalhos premiados dos demais estados brasileiros, a experiência de Mafra foi agraciadas com a produção de um webdocumentário, que irá compor a 4ª temporada dos "Webdocs Brasil, aqui tem SUS". A saúde do município também recebeu o Prêmio Nacional na Categoria Controle Social, autoria da assistente social Ariane Woehl e dos coautores Susanne Cassias, Jonas V Keskoski e Nailor Lis, intitulado "Controle Social ativo na Construção do Plano Nacional de Saúde", recebendo medalha e certificado de premiação.

APRIMORAMENTO CONTINUADO

No ano passado, Mafra recebeu dois prêmios na "15ª Mostra Brasil, aqui tem SUS", concedidos nas temáticas de Gestão do Trabalho e Educação na Saúde. Segundo a secretária de Saúde, Jaqueline Previatti Veiga, os prêmios em duas edições consecutivas demonstram que o trabalho desenvolvido tem sido exitoso em vários níveis de atenção à saúde. *"É importante lembrar que esta é a segunda vez que Mafra participa da mostra e, mais uma vez, o trabalho e o esforço da Saúde de Mafra foram reconhecidos. Isso nos incentiva a trabalhar cada vez mais para garantir sempre as melhores ações em saúde para serem levadas à população mafrense"*, concluiu.

O prefeito Wellington Bielecki parabenizou todos os profissionais envolvidos, salientando que *"é com a dedicação de toda a equipe da saúde que Mafra pode contar com um serviço sempre aprimorado e bem estruturado. Garantir sempre o melhor para a saúde da população é o verdadeiro prêmio que recebemos e compartilhamos"*.

▲ DA ASSESSORIA

Figura 04 – Matéria do jornal *Gazeta de Rio Mafra* edição n.3212 de julho de 2019 sobre a Premiação Brasil Aqui tem SUS em que Mafra foi escolhida como melhor experiência do Estado de Santa Catarina no XXXV Congresso Nacional de Secretarias Municipais de Saúde em Brasília, com o projeto "A potência da visita domiciliar compartilhada entre Caps e Atenção Básica em Saúde Mental".
Fonte: Arquivos da pesquisadora

1.4 A PESQUISA QUE "DEU LUZ" AOS FATOS AQUI REGISTRADOS

> ...tentativas de juntar os recursos que as pessoas possuem em suas redes particulares da vida cotidiana... Há sempre a questão crucial da sustentabilidade. Muitos projetos começam com entusiasmo, porém vão definhando, mais cedo ou mais tarde. Nossas experiências dão margem ao otimismo (SEIKKULA; ARNKIL, 2020).[17]

17 SEIKKULA, Jaakko.; ARNKIL, Tom Erik. *Reuniões dialógicas de redes sociais: formas de dialogismo no trabalho psicossocial.* Rio de Janeiro: Editora Fiocruz, 2020.

Esta pesquisa objetivou descrever como a "participação social" influenciou no desenvolvimento de dispositivos de cuidado em saúde mental na região de Mafra. Conta como anônimos conseguiram colocar a doença mental entre parênteses, como dizia Basaglia (2010)[18], participando da criação de um espaço coletivo onde todos pudessem "ser" com menos rótulos, ocupando espaços "comuns".

Trata-se de uma pesquisa do tipo documental, exploratória e de campo, realizada entre os anos de 2021 e 2022 como atividade parte para obtenção do título de pós-doutor em Saúde Pública pela Escola Nacional de Saúde Pública Sérgio Rouca/ENSP - Fiocruz sob a supervisão do professor Dr. Paulo Amarante.

Para sua realização, foram consultadas duas outras pesquisas realizadas sobre a Casa Azul de Mafra-SC, sendo a primeira um estudo comparativo de dois serviços de saúde mental: relações entre participação popular e representações sociais relacionadas ao direito à saúde[19], de autoria de Cláudio Luis da Cunha Gastal e Celso Gutfreind (2007); e a segunda, Mobilização social e saúde mental: o caso do Grupo Esperança Casa Azul do município de Mafra-SC[20], de autoria de Maria Aparecida Drapalski e Lucimara Dayane Amarantes.

Também foram analisados arquivos da própria Associação Esperança Casa Azul e do Caps I Casa Azul do município de Mafra-SC, bem como matérias de jornais locais, atas e arquivos de imagem pessoais dos profissionais envolvidos com sua fundação[21].

Foram contatadas para esta pesquisa todas as pessoas possíveis por meio das mídias sociais, as secretarias de saúde de Mafra-SC e Rio Negro-PR, os cadastros de saúde, tendo sido consultadas

18 BASAGLIA, Franco. *Escritos selecionados em saúde mental e reforma psiquiátrica*. Organização Paulo Amarante. Rio de Janeiro: Garamond, 2010.

19 Cad. Saúde Pública, Rio de Janeiro, 23(8):1835-1844, agosto, 2007

20 *Revista Renovare de Saúde e Meio Ambiente* Ano 6 – Volume 3 – União da Vitória – Paraná. Abril de 2019.

21 Agradecimento especial à assistente social Ariane Whoel que tinha organizado/catalogado boa parte do acervo de notas de jornais locais sobre a Casa Azul utilizados para esta pesquisa.

também outras fontes menos acadêmicas e mais populares como o "boca a boca".

Colaboraram para esta pesquisa ex-profissionais da Casa Azul, ex--estagiários, voluntários, servidores públicos, familiares, ex-participantes da Casa Azul, a imprensa local, dentre outros.

Foram entrevistados 17 profissionais de saúde envolvidos com o espaço em questão, 4 gestores municipais, familiares e usuários desse serviço, principalmente aqueles cujos nomes constavam na Ata de fundação do Grupo Esperança Casa Azul. Nem todas as entrevistas compõem o texto aqui escrito, mas todas foram importantes para o desfecho da história aqui contada. Os capítulos do livro estão organizados por temática e não por tempo cronológico.

A coleta de dados se deu em meio à pandemia de Covid-19, por isso algumas entrevistas ocorreram à distância, respeitando as normas sanitárias. Todos os direitos éticos e de imagem foram respeitados, assim aqueles que aceitaram participar da pesquisa tiveram seus nomes verdadeiros citados e, quando se julgou necessário, lançou-se mão de nomes fictícios. Nos casos em que os nomes são de domínio público, como nas manchetes de jornal, não houve necessidade de sigilo.

Seguem alguns registros fotográficos realizados pela pesquisadora durante as entrevistas presenciais:

Figura 05 – Com a primeira Terapeuta Ocupacional da Casa Azul – Márcia Dequech em 24/02/2020.

Figura 06 – Com a primeira Enfermeira da Casa Azul – Denise Dallagnol em 30/06/2021.

Figura 07 – Com Ivanir de Souza Ribeiro antiga secretária do ambulatório de psiquiatria do HSVP Mafra-SC e também esposa de Luiz Carlos Ribeiro (in memorian) em 26/07/2021.

Figura 08 – Com Catarina de Oliveira Andersen – ex-participante da Casa Azul – em 19/10/2021.

Figura 09 – Com o primeiro Médico Psiquiatra da Casa Azul – Cláudio Gastal em14/12/2021.

Figura 10 – Com a então assistente social do Caps I de Mafra Maria Aparecida Drapalski, Reinaldo e Maria da Graça Ortmeier e seu filho Maicol Ricardo Outmeyer – ex-participante da Casa Azul – em 14/12/2021.

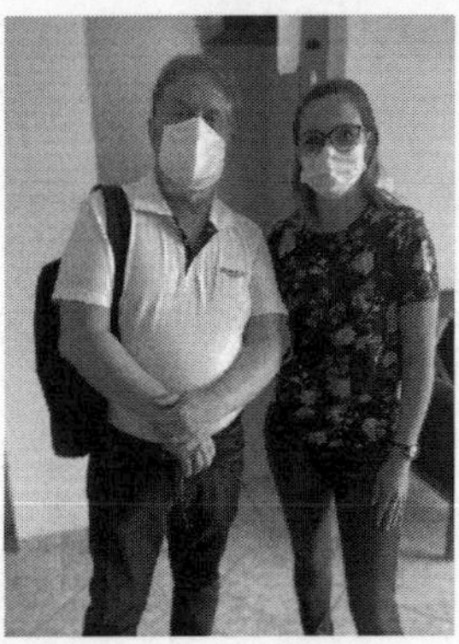

Figura 11 – Com o Médico Gabriel Kubis – Secretário de Saúde da cidade de Mafra-SC entre os anos de 1997-2000, janeiro 2022

Figura 12 – Com o ex-participante da Casa Azul Samuel de Oliveira Andersen, fevereiro 2022.

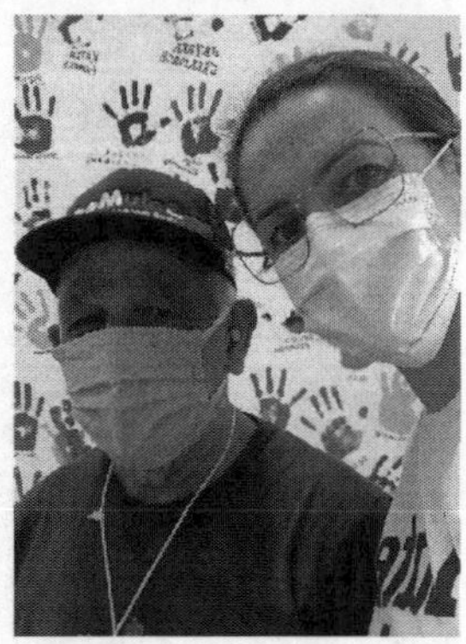

Figura 13 – Com o ex-particiante da Casa Azul Luis Carlos Ribeiro, março 2022.

Figura 14 – Com a ex-participante da Casa Azul Maria Joana Maia dos Santos, março 2022.

Figura 15 – Com a enfermeira que representava a cidade de Rio Negro na Comissão Intermunicipal de Saúde Mental - Eliz C. Maurer Caus, abril 2022.

Figura 16 – Com o ex-participante da Casa Azul Marcílio Moreira, abril 2022.

Figura 17 – Com o ex-participante da Casa Azul Adriano Mazeika, maio 2022.

Figura 18 – Com o ex-participante da Casa Azul Josenei Baptista, maio 2022.

Figura 19 – Com a ex-participante da Casa Azul Maria Beatriz da Paula, maio 2022.

Figura 20 – Com a ex-participante da Casa Azul Sonia Max e seu esposo Sandro Max, maio 2022.

Figura 21 – Com a ex-participante da Casa Azul Izete Colaço, junho 2022.

Figura 22 – Com a ex-participante da Casa Azul Heloisa Stockschneider, julho 2022.

As entrevistas gravadas foram transcritas para serem analisadas por meio do método de análise temática.

Para melhor organizar os fatos históricos, as temáticas que emergiram dos discursos dos entrevistados foram apresentadas em categorias durante o XIII Encontro Catarinense de Saúde Mental, em outubro de 2021, com o título "Participação social e o desenvolvimento de dispositivos de cuidado em saúde mental: o caso da Casa Azul no município de Mafra/SC pela visão dos profissionais envolvidos". São elas: a) A urgente necessidade do cuidado em liberdade; b) O encabeçamento do profissional psiquiatra na alocação de capital humano e financeiro para a concretização do projeto; c) A importância do apoio dos familiares dos usuários de saúde mental; d) Dificuldades encontradas no caminho para o desenvolvimento da ideia. Sendo esses os primeiros resultados dessa pesquisa.

Outra parte da pesquisa foi apresentada no 8º Congresso Brasileiro de Saúde Mental em julho de 2021 com o título "Deixando o anonimato: a conquista de um lugar social por meio da participação em uma associação de sujeitos com diagnósticos de transtornos mentais". Os dois trabalhos foram realizados em coautoria com o professor Dr. Paulo Amarante. Parte desses trabalhos compõe a versão final desse livro.

Integram também o livro fotos e recortes de jornal do Caps I *Casa Azul*, que foi fundado a partir da Associação que tem sua história aqui contada.

O encerramento da coleta de dados e fatos para este livro se deu no dia 20 de abril de 2022, data da II Conferência Municipal de Saúde Mental do Município de Mafra, o que pareceu um ótimo fim (da coleta de dados) para um bom recomeço (a partir da participação de todos e das perspectivas de novos tempos para a saúde mental do município)!

2. DA ORIGEM: UM LUGAR PARA HABITAR O "EU" COLETIVO

A Associação Esperança Casa Azul (também conhecida como Grupo Esperança Casa Azul ou simplesmente Casa Azul) teve sua fundação oficial em 10 de maio de 1993 como sociedade civil filantrópica sem fins lucrativos, todavia seu estatuto foi registrado no cartório civil da comarca de Mafra-SC – cidade de aproximadamente 47 mil habitantes na época (GUMBOWWSKY et al, 2019)[22] – somente no dia 14 de novembro de 1994, tendo como requerente Luiz Carlos Ribeiro, representante dos pacientes diagnosticados como "doentes mentais" dos municípios de Mafra e Rio Negro – primeiro presidente da associação.

Na figura 23 pode ser observada cópia da primeira página do Estatuto da Associação Esperança Casa Azul, registrada no cartório Arley Renato Schultz, da cidade de Mafra - SC.

> *Construir legalmente uma associação seria o primeiro passo para instituir autonomia do coletivo com parâmetros legítimos de reconhecimento civil.*
> (Ariane Woehl, ex-assistente social da Casa Azul)

Instiga o relato da assistente social Ariane Woehl, reiterado pelo psiquiatra Cláudio Gastal, "o coletivo Casa Azul tem autonomia para 'ser', reconstruir e reorganizar a sociedade por meio de coletivos". Estes relatos alinham-se aos conceitos anteriormente citados de Ostrom sobre os comuns/comunidade.

---

22 GUMBOWSKY, Argos (org.) *Mafra em dados socioeconômicos: 2019/2020*. Universidade do Contestado – Mafra, editora: UnC, 2019.

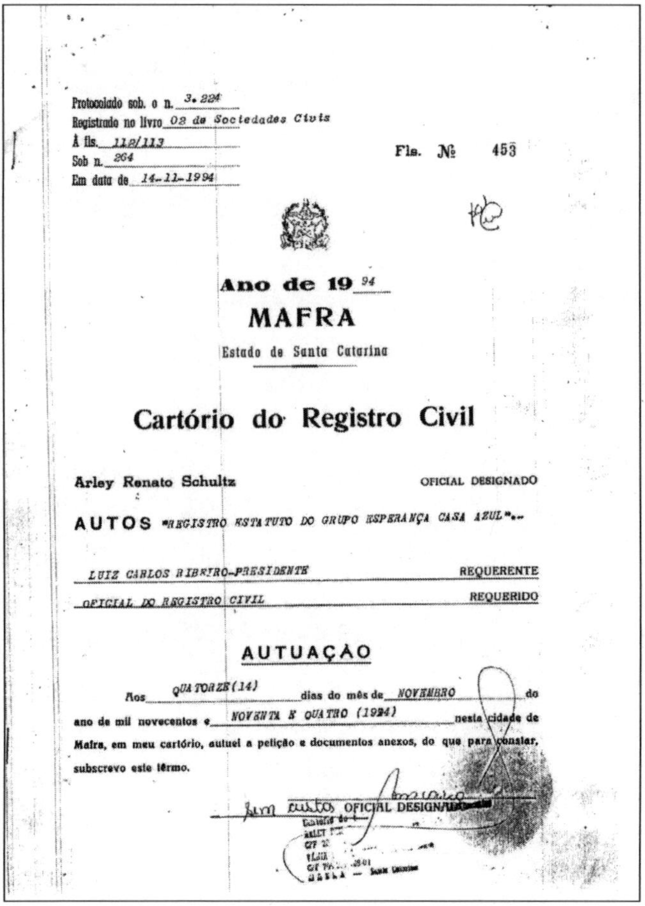

Protocolado sob. o n. 3.224
Registrado no livro 02 de Sociedades Civis
À fls. 112/113
Sob n. 264
Em data de 14-11-1994

Fls. Nº 453

Ano de 19 94

MAFRA

Estado de Santa Catarina

Cartório do Registro Civil

Arley Renato Schultz — OFICIAL DESIGNADO

AUTOS "REGISTRO ESTATUTO DO GRUPO ESPERANÇA CASA AZUL".-

LUIZ CARLOS RIBEIRO-PRESIDENTE — REQUERENTE

OFICIAL DO REGISTRO CIVIL — REQUERIDO

AUTUAÇÃO

Aos QUATORZE(14) dias do mês de NOVEMBRO do ano de mil novecentos e NOVENTA E QUATRO (1994) nesta cidade de Mafra, em meu cartório, autuei a petição e documentos anexos, do que para constar, subscrevo este têrmo.

OFICIAL DESIGNADO

Figura 23 – Primeira página do Estatuto da Casa Azul.
Fonte: Arquivos da Casa Azul

Segundo Cláudio Gastal, médico fundador do Grupo Esperança Casa Azul, esta surgiu em um momento de redemocratização do Brasil – final da década de 1980 – também concomitantemente aos movimentos sociais e sindicais, à Reforma Sanitária e ao Movimento da Luta Antimanicomial. Ele narra ser emocionante falar sobre o assunto:

> *Ao me lembrar desse período chego a me emocionar, pois foi um momento em que a gente sentia que poderia reorganizar e reconstruir a sociedade através da gente mesmo e de forma coletiva.*

Segundo o ex-secretário de saúde da cidade de Mafra (1997-2000), Gabriel Kubis, quando o psiquiatra Cláudio Gastal chegou à cidade, existia um outro profissional da mesma categoria profissional chamado Luiz Gonzaga da Motta Ribeiro, que atendia em Rio Negro-PR, mas também internava alguns usuários de saúde mental no hospital de Mafra. Gabriel lembra que o Dr. Luiz Gonzaga não dava conta da demanda existente e logo se mudou para a cidade de Curitiba, onde faleceu tragicamente.

Outra declaração importante que se refere à demanda por atendimentos de psiquiatria na cidade de Mafra até a década de 1990 é de Ivanir de Souza Ribeiro (mais conhecida por Vânia), antiga secretária do ambulatório de psiquiatria do Hospital São Vicente de Paulo, em Mafra, e esposa do primeiro presidente da Casa Azul, o usuário Luiz Carlos Ribeiro (*in memorian*). Ela lembra:

> *Quando Dr. Cláudio veio trabalhar no hospital, eu já estava lá... – no ambulatório. Tinha dias que 12 médicos atendiam juntos e era muito agitado. Eu lembro-me que tiveram algumas situações de crises dos pacientes. Um dia tivemos que conter um e em outra situação um paciente cuspiu no meu rosto e arranhou o Dr. Gastal.*

Da mesma forma, conta Cláudio que, quando chegou a Mafra, percebeu a falência na psiquiatria já observada por ele em Porto Alegre/RS, cidade onde se graduou e onde também trabalhava em um ambulatório hospitalar de psiquiatria. A hospitalização era a marca do atendimento psiquiátrico:

> *Era como uma porta giratória, os pacientes eram atendidos ambulatorialmente, eram internados e quando eles entravam em crise eram atendidos novamente e assim sucessivamente.*

Maria Beatriz, ex-participante da casa Azul, lembra dessa época de forma triste. Ela diz que, nas internações que teve, os dias pareciam não ter fim e que por conta do preconceito da família, pois segundo ela "nenhum deles entedia a doença" que ela tinha, acontecia uma crise após a outra.

> *Depois que eu ficava boa, eu parava de tomar os remédios. E como era eu quem cuidava deles, ninguém da minha família ajudava, ficava difícil permanecer boa.* Maria Beatriz, ex-participante da Casa Azul

Aqui, torna-se importante destacar que o discurso do psiquiatra Cláudio Gastal se funde com o de Maria Beatriz, evidenciando como o tratamento centrado na hospitalização gera um círculo vicioso no qual o paciente existe como objeto coadjuvante em um contexto no qual a loucura está (estava) inscrita.

Tadeu Geronasso, psicólogo que atuou no início da Casa Azul, disse em entrevista que o atendimento aos doentes mentais era estritamente ambulatorial e a demanda era grande:

> *Eu lembro que uma vez olhei no prontuário e fichas do Dr. Gastal e tinha mais de cinco mil pacientes que estavam em andamento. Em contrapartida, eram poucas consultas realizadas durante a semana e o Gastal atendia de uma a duas vezes na semana, a demanda era muito reprimida.*

Segundo os profissionais entrevistados para a pesquisa, assim como para a gestora da época, Hebe Sartori, a ideia de fazer algo para melhorar a forma de atendimento e entendimento da população relacionada às doenças mentais foi lançada por Cláudio e pouco a pouco foi ganhando a adesão de outros profissionais que atuavam na secretaria de saúde do município e também no hospital, pacientes de saúde mental e seus familiares.

> *Vale ressaltar que o grande entusiasta da instalação da Casa Azul em Mafra foi Dr. Cláudio Gastal. Ele foi o idealizador da nobre atividade*

> *e sempre se dedicou com esmero à causa.* (Hebe Sartori, ex-secretária de saúde do município de Mafra)[23]

A mobilização da sociedade para o entendimento da questão dos transtornos mentais evidentemente fez diferença no caso da Casa Azul. Entre os documentos encontrados durante a pesquisa, há o ofício n.047, de 15 de junho de 1993, da Associação Brasileira de Enfermagem, Seção de Santa Catarina (figura 24), e de entidade sem fins lucrativos da região, Rotary de Rio Negro, em 14 de junho de 1994 (figura 25), colocando-se à disposição para ajudar na causa e parabenizando pela iniciativa.

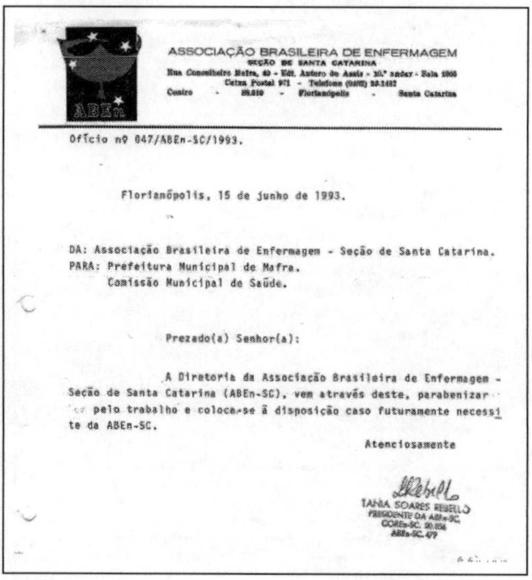

ASSOCIAÇÃO BRASILEIRA DE ENFERMAGEM
SEÇÃO DE SANTA CATARINA
Caixa Postal 971
Florianópolis - Santa Catarina

Ofício nº 047/ABEn-SC/1993.

Florianópolis, 15 de junho de 1993.

DA: Associação Brasileira de Enfermagem - Seção de Santa Catarina.
PARA: Prefeitura Municipal de Mafra.
Comissão Municipal de Saúde.

Prezado(a) Senhor(a):

A Diretoria da Associação Brasileira de Enfermagem - Seção de Santa Catarina (ABEn-SC), vem através deste, parabenizar pelo trabalho e coloca-se à disposição caso futuramente necessite da ABEn-SC.

Atenciosamente

TANIA SOARES REBELLO
PRESIDENTE DA ABEn-SC
ABEn-SC. 479

Figura 24 – Ofício n.047, de 15 de junho de 1993, da Associação Brasileira de Enfermagem, Seção de Santa Catarina.
Fonte: Arquivos da Casa Azul

A enfermeira Denise Dallagnol apontou que naquela época ela era a única enfermeira tanto no hospital como na Secretaria Municipal de Saúde de Mafra e sempre estava envolvida nos projetos de ambos os espaços, procurando ajudar em sua organização. Diz que foi em um

23 Foi gestora da pasta da saúde no período de 1992-1996 juntamente com Iomar Lorenze.

dos encontros dela e do psiquiatra Cláudio – os dois eram do mesmo concurso público na Secretaria Municipal de Saúde de Mafra – nos corredores do hospital, que veio o convite para, juntos, formar e conduzir um grupo com os pacientes, a fim de evitar de alguma forma as (re) internações psiquiátricas:

> *Quando eu trabalhava naquela época, eu tive contato com os pacientes internados no hospital e observava que existia uma grande dificuldade para a instituição, para os profissionais e para o paciente. Enquanto instituição, o hospital ficava bastante lotado...era triste acompanhar os pacientes psiquiátricos internados, ficavam amarrados nos leitos o dia e as noite todas... não existia uma ala separada para internação psiquiátrica...* (Denise Dallagnol, ex-enfermeira da Casa Azul)

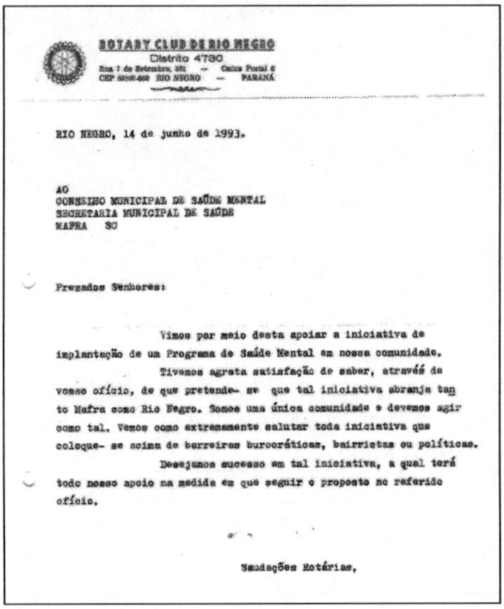

ROTARY CLUB DE RIO NEGRO
Distrito 4730
PARANÁ

RIO NEGRO, 14 de junho de 1993.

AO
CONSELHO MUNICIPAL DE SAÚDE MENTAL
SECRETARIA MUNICIPAL DE SAÚDE
MAFRA SC

Prezados Senhores:

Vimos por meio desta apoiar a iniciativa de implantação de um Programa de Saúde Mental em nossa comunidade.

Tivemos agrata satisfação de saber, através de vosso ofício, de que pretende- se que tal iniciativa abranja tanto Mafra como Rio Negro. Somos uma única comunidade e devemos agir como tal. Vemos como extremamente salutar toda iniciativa que coloque- se acima de barreiras burocráticas, bairristas ou políticas.

Desejamos sucesso em tal iniciativa, a qual terá todo nosso apoio na medida em que seguir o proposto no referido ofício.

Saudações Rotárias,

Figura 25 – Carta de Apoio do Rotary de Rio Negro, em 14 de junho de 1994 a Casa Azul.
Fonte: Arquivos da Casa Azul

Ainda sobre a forma de tratamento dos pacientes na época, o Hospital de Mafra admitia parte de uma demanda reprimida que não conseguia internação nos grandes hospitais psiquiátricos do Estado de

Santa Catarina – como o Hospital Colônia Sant'Ana em São José ou a Casa de Saúde do Rio Maina em Criciúma – e até mesmo no Estado vizinho. Muitos pacientes relatam internações no Hospital Adauto Botelho, na cidade de Pinhais, no Paraná.

Dessa forma, o grupo inicialmente convidado por Cláudio passou a se reunir duas vezes por semana na secretaria de saúde de Mafra ou no consultório no qual o médico atendia, até que definiram quais estratégias usariam. Como o projeto da associação atenderia Mafra e Rio Negro, inicialmente uma assistente social do município de Rio Negro chamada Miriam Breinack foi cedida para integrar o grupo e logo depois a enfermeira Eliz C. Maurer Caus.

De início, a maneira utilizada para chamar os pacientes a participar das reuniões foi visitando-os em suas casas e abordando as suas famílias, convidando-as a estarem junto nas reuniões.

Seikkula e Arnkil (2020) concordam que chamar as famílias das pessoas com transtornos mentais a participar é uma das melhores estratégias para um tratamento efetivo em saúde mental, pois a crise psíquica não afeta somente a pessoa doente, mas toda a sua rede:

> Quando a rede pessoal do paciente é convidada a participar do tratamento, essas pessoas não são convidadas para serem tratadas, mas para dar ajuda e apoio. Suas vozes são necessárias para formar uma compreensão mútua sobre a natureza confusa da questão. A crise psíquica ou outras situações preocupantes como essa não afetam apenas o cliente, afetam também as pessoas que lhe são próximas. Como resultado, a rede pessoal do paciente torna-se um recurso no tratamento e uma criadora conjunta do processo. (SEIKKULA; ARNKIL, 2020, p.40)

A enfermeira Denise conta que os pacientes se sentiam bastante acolhidos e valorizados por estarem sendo visitados. As visitas domiciliares também serviam para a equipe de profissionais entender melhor a família e o contexto dos pacientes que eram internados com mais frequência.

Mais adiante as reuniões passaram a acontecer no INSS, ao lado da atual Policlínica Municipal de Saúde de Mafra localizada na Rua Dr. Mathias Piechnick, 37, que havia disponibilizado, a pedido da Secretaria de Saúde, um pequeno salão para a realização das reuniões, mas logo pediu que o espaço não fosse mais utilizado. Nenhum dos entrevistados soube dizer o motivo.

Cláudio Gastal lembra que algumas reuniões, além de realizadas no INSS, aconteceram também no salão paroquial da Igreja Católica Sagrada Família, bem como no auditório da Prefeitura de Mafra.

> *No início, nós, profissionais, nos questionamos como iríamos fazer e em qual lugar iríamos construir o espaço. Foi quando uma senhora conhecida cedeu uma casa na Rua Capitão Braz para que pudéssemos nos alocar. O pessoal se reunia lá durante o dia. Foi organizada uma oficina de marcenaria, uma horta, foram comprados um fogão e um forno onde o pessoal fazia bolachas e pães.* (Cláudio Gastal, ex-psiquiatra da Casa Azul)

Em imagens de vídeo cedidas pelo médico Cláudio Gastal, foi registrada reunião no salão paroquial da Igreja Sagrada Família (figura 26).

Figura 26 – Foto editada do vídeo Primeira Participação da Casa Azul em uma feira pública na cidade de Mafra-SC. Nela aparecem pacientes de saúde mental, familiares e profissionais de saúde em uma das primeiras reuniões para início do Grupo Esperança Casa Azul – Salão Paroquial Igreja Sagrada Família em Mafra-SC. Fonte: Arquivo Pessoal de Cláudio Gastal

Na figura 26, pode ser observado que o grupo foi organizado em círculo e aparentemente sem divisão entre familiares, pacientes e profissionais, reforçando a intenção primeira que se tinha com a Associação Esperança Casa Azul, de que ela vinha na tentativa de diminuir a exclusão e o isolamento social imposto ao doente mental. Basaglia (2010, p.47) menciona que "a figura do doente mental, como expressão de uma ruptura da norma é uma imagem que deve ser mantida à distância para que não venha perturbar o ritmo de uma sociedade", desta forma o movimento iniciado na cidade de Mafra contradizia a norma social.

O próximo local onde funcionaria a Casa Azul foi a "famosa" Casa da Dona Ida, segundo contam os participantes e profissionais da Casa Azul.

> *Foi então que um familiar de um dos nossos pacientes disse que tinha uma casa lá no bairro Vila Ivete e poderia disponibilizar o espaço para que pudéssemos desenvolver o nosso projeto* (Denise Dallagnol, ex-enfermeira da Casa Azul)

Pelo que consta nos documentos levantados, inicialmente a casa foi cedida, depois alugada.

Na Ata da Associação Esperança Casa Azul de 31 de março de 1994, cita-se a Casa da Dona Ida Annis como sede "provisória, mas própria" do grupo (figura 27) e na figura 28 temos a fachada da casa.

Chama atenção a expressão na ata se referindo à casa da Dona Ida: *"provisória, mas própria"*, pois, a partir do momento que passaram a pagar o aluguel (com o lucro da venda dos produtos produzidos), inaugura-se uma nova relação dos participantes com a sede – uma relação de cooperar e construir, conceitos citados por Ostrom (1990) quando fala de instituições e sistemas de gestão duradouros.

O que pode ser inferido também como um dos aspectos relacionados ao pertencimento do qual os participantes da Casa Azul sentiam falta outrora, quando estavam no mundo "apenas" como o ser humano

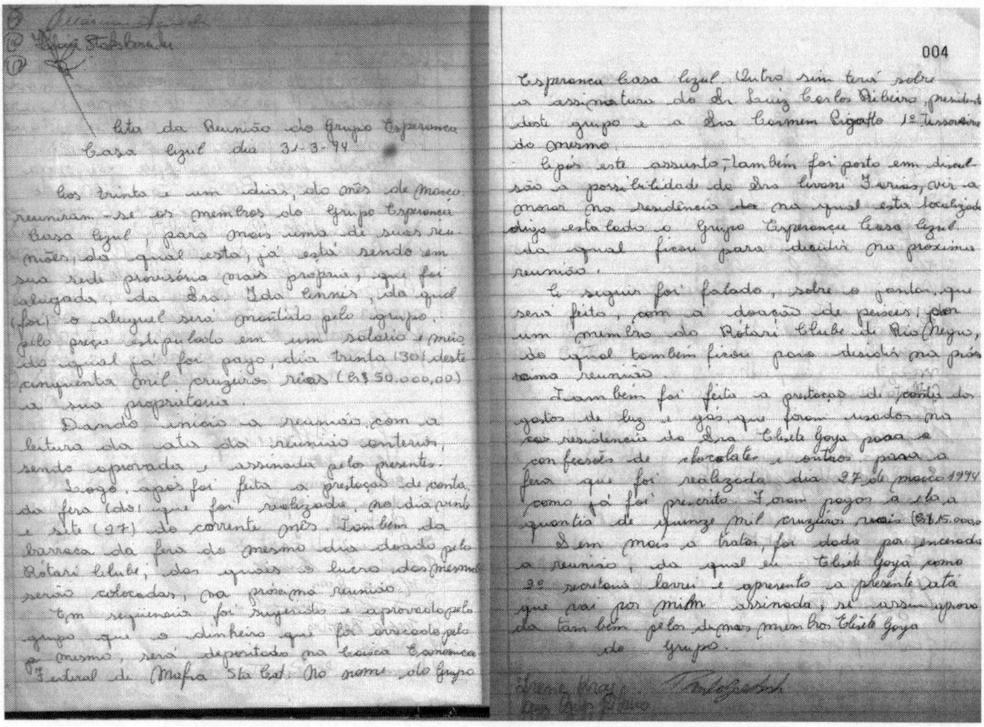

[illegible]

Ata da Reunião do Grupo Esperança Casa Azul dia 31-3-94

Aos trinta e um dias, do mês de março reuniram-se os membros do Grupo Esperança Casa Azul, para mais uma de suas reuniões, da qual esta, já está sendo em sua sede provisória mais propria, que foi alugada, da Sra. Ida Linnis, da qual (foi) o aluguel será mantido pelo grupo, pelo preço estipulado em um salario e meio do qual já foi pago, dia trinta (30) deste cinquenta mil cruzeiros reais (Cr$ 50.000,00) a sua proprietaria.

Dando inicio a reunião, com a leitura da ata da reunião anterior, sendo aprovada e assinada pelos presentes.

Logo, após foi feita a prestação de conta, da fera (do) que foi realizada, no dia vinte e sete (27) do corrente mês. Também da barraca da fera do mesmo dia doado pelo Rótari Clube, das quais o lucro dos mesmo serão colocadas, na próxima reunião.

Em seguinda foi sugerido e aprovado pelo grupo que o dinheiro que foi arrecadado pelo mesmo, será depositado na Caixa Economica Federal de Mafra Sta Cat. no nome do Grupo

004

Esperança Casa Azul. Outro sim terá sobre a assinatura do Sr. Luiz Carlos Ribeiro, presidente deste grupo e a Sra Carmem Rigatto 1º Tesoureira do mesmo.

Após este assunto, também foi posto em discussão a possibilidade de Sra Lirani Farias, vir a morar na residência da na qual esta localizada digo esta lado o Grupo Esperança Casa Azul. Da qual ficou para decidir na proxima reunião.

A seguir foi falado, sobre o jantar, que será feito, com a doação de peixes, por um membro do Rótari Clube de Rio Negro, do qual também ficou para decidir na próxima reunião.

Também foi feita a prestação de contas dos gastos de luz e gás, que foram usados na residência da Sra Elisete Goya para a confecções de chocolates e outros para a fera que foi realizada dia 27 de março 1994 como já foi prescrito. Foram pagos à ela a quantia de quinze mil cruzeiros reais (Cr$ 15.000…

Sem mais a tratar, foi dado por encerrada a reunião, da qual eu Elisete Goya como 2º secretaria lavrei e apresento a presente ata que vai por mim assinada, se assim aprovada também pelos demais membros do Grupo. Elisete Goya

[illegible]

Figura 27 – Cópia da Ata da Casa Azul do dia 31 de março de 1994
Fonte: Arquivos da Casa Azul

Figura 28 – Foto da fachada da casa da Donna Ida com a faixa da Casa Azul.
Fonte: Arquivos da Casa Azul

que detém uma doença mental. Agora já se configurava a possibilidade de trabalho para manter algo.

Esses espaços provisórios também estavam ficando pequenos pela quantidade de pessoas que procuravam por ajuda – eram cerca de 40 pessoas mais os profissionais da equipe.

O psicólogo Tadeu Geronasso conta que a construção da Associação Esperança Casa Azul foi muito intensa. Com o passar do tempo, as pessoas que já conheciam o serviço começaram a divulgar para outras que dele precisavam. Devido a isso, mais pacientes começaram a procurar por esse novo tipo de atendimento, o que levou inevitavelmente os profissionais a limitarem o número de vagas, afim de oferecer um acompanhamento de qualidade:

> *O nosso objetivo era escutar o máximo dessas pessoas, dentro do possível e através da assistência poder reinseri-las em uma sociedade nativa, trabalhadora* – contou Tadeu Geronasso, ex-psicólogo da Casa Azul, ex-gestor de saúde

Segundo a Terapeuta Ocupacional Márcia Dequeche, os profissionais que trabalhavam com ela também achavam que poderiam ser desenvolvidas outras atividades para evitar novas crises e dar mais autonomia aos pacientes, mas não naquele espaço:

> *Durante as reuniões, nós percebíamos que algo estava faltando, então decidimos procurar um local e iniciar as oficinas para que os pacientes pudessem desenvolver suas habilidades e conviverem mais entre eles.* (Márcia Dequeche, ex-terapeuta ocupacional da Casa Azul)

Tadeu Geronasso conta que quando ele, além de psicólogo que auxiliava nos atendimentos aos usuários da Casa Azul, tornou-se secretário de saúde (2001-2004), chegou a ceder um espaço na Policlínica Municipal para as reuniões, mas logo depois foi necessário conseguir espaço mais amplo, pois se pretendia trabalhar com oficinas de artesanato.

Na figura 29, pode ser observada uma das páginas do abaixo-assinado feito pelos usuários, seus familiares e profissionais, a fim de mobilizar o poder público em relação à necessidade de um espaço próprio para o funcionamento da associação.

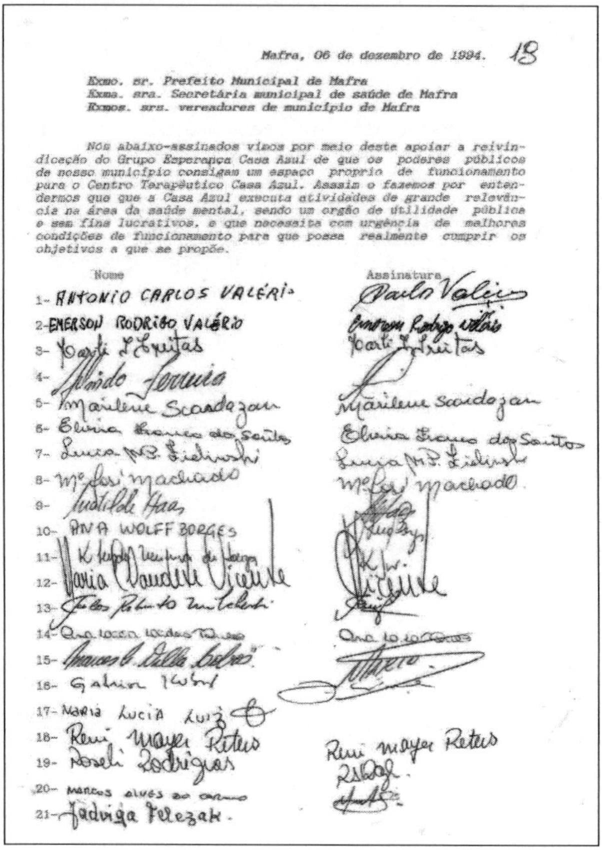

Mafra, 06 de dezembro de 1994. 18

Exmo. sr. Prefeito Municipal de Mafra
Exma. sra. Secretária municipal de saúde de Mafra
Exmos. srs. vereadores de município de Mafra

Nós abaixo-assinados visos por meio deste apoiar a reivindicação do Grupo Esperança Casa Azul de que os poderes públicos de nosso município consigam um espaço proprio de funcionamento para o Centro Terapêutico Casa Azul. Assim o fazemos por entendermos que que a Casa Azul executa atividades de grande relevância na área da saúde mental, sendo um orgão de utilidade pública e sem fins lucrativos, e que necessita com urgência de melhores condições de funcionamento para que possa realmente cumprir os objetivos a que se propõe.

Nome — Assinatura

1- ANTONIO CARLOS VALÉRIO
2- EMERSON RODRIGO VALÉRIO
3- [illegible]
4- [illegible]
5- [illegible]
6- [illegible]
7- [illegible]
8- [illegible]
9- [illegible]
10- ANA WOLFF BORGES
11- [illegible]
12- [illegible]
13- [illegible]
14- [illegible]
15- [illegible]
16- [illegible]
17- MARIA LUCIA LUIZ
18- [illegible]
19- [illegible]
20- [illegible]
21- [illegible]

Figura 29 – Folha de coleta de assinaturas do abaixo-assinado para que o poder público disponibilizasse um espaço próprio para que a Associação Casa Azul desenvolvesse suas atividades. Fonte: Arquivos do Cláudio Gastal

Outro fator fundamental para a busca de um novo espaço, também citado pelos profissionais, foi a ausência de outros serviços de apoio para a casa. Tadeu relatou que por vezes os familiares dos pacientes que entravam em surto se deslocavam até sua casa ou do psiquiatra Claudio Gastal para obter ajuda, em decorrência das dificuldades que os profissionais de saúde que prestavam assistência hospitalar encontravam em manejar essas crises:

> *Na época, o pronto atendimento municipal não tinha muitas habilidades para atender pacientes com esse tipo de demanda*[24]. (Tadeu Geronasso, ex-psicólogo da Casa Azul)

Relato muito parecido com o de Tadeu foi o da enfermeira Denise Dallagnol, mas que acrescenta ainda o aspecto do vínculo:

> Os pacientes já ficavam nos esperando na varanda da Casa Azul antes de começar as atividades. Os pacientes acabavam criando laços de amizades entre eles, outros acabavam "se apaixonando" por nós, profissionais, e às vezes acabavam indo tocar a campainha das nossas casas para conversar ou pedir ajuda.

Em relação aos laços afetivos citados por Denise, podemos exemplificar o caso do ex-participante da Casa Azul Josenei Baptista, que conheceu sua atual esposa durante atividade de vendas de panos de pratos da Associação. Começaram a namorar e se casaram depois deste encontro.

Após algum tempo, o grupo cresceu e passou a funcionar no Centro Comunitário da Vila Ivete por dois anos e meio. Lá e na sede localizada na casa da Dona Ida foram construídas marcenarias, proporcionando aos associados uma importante atividade.

Todos os indivíduos envolvidos estavam entusiasmados com a ideia de ter um lugar que pudessem frequentar e onde pudessem ser cuidados. Desejavam que toda a comunidade soubesse disso e viesse se juntar a eles. Denise conta que chegaram a colocar uma faixa em frente

24 Torna-se importante citar aqui que os prontos-socorros gerais ainda têm muita dificuldade em manejar crises psiquiátricas.

a Casa da Dona Ida para inaugurar os primeiros atendimentos lá (figura 30). Na faixa estava escrito "ajude a construir a Casa Azul". Este era um dos primeiros chamamentos para que a comunidade reconhecesse o espaço e também participasse da sua manutenção.

Figura 30 – Foto dos usuários, familiares e profissionais de saúde em frente à casa da Dona Ida, primeira sede provisória da Casa Azul.
Fonte: Arquivos da Casa Azul.

> *Nesse processo de construção, os próprios usuários e familiares contribuíram ativamente e isso é muito importante, pois eles se viam pertencentes e se sentiam donos do espaço e não meramente "clientes" de um serviço que poderia ser criado e disponibilizado sem a participação deles.* (Cláudio Gastal, ex-psiquiatra da Casa Azul)

A construção da Casa Azul foi um processo ativo, no qual usuários e familiares estiveram presentes. De uma atitude que a princípio pode ser vista como simples, foi possível abrir portas para as pessoas encontrarem um espaço onde pudessem manifestar a sua subjetividade, participar, expor suas ideias e se reconhecer. Inaugurou-se em Mafra, entre 1990 e 1992, esse novo modelo de assistência que ainda era pouco conhecido e divulgado.

Amarante (2021, p.23) explica estes novos modelos de assistência abertos e com participação como uma forma de operar na produção de novos lugares sociais para as pessoas em sofrimento psíquico ou assim diagnosticadas, para além do fechamento dos manicômios e da proposição de serviços e dispositivos substitutivos:

> Trata-se de buscar romper com as representações do imaginário social compostas de pré-conceitos derivados dos padrões científicos e culturais aliados e com pré-juízos que existem sobre a loucura e a denominações afins. (AMARANTE, 2021, p.23).

Conforme descrito na Primeira Ata do Grupo Esperança Casa Azul do dia 24 de fevereiro de 1994, participaram da assembleia de fundação do grupo 33 pessoas, dentre elas 5 profissionais e os demais pacientes e familiares.

Ainda, segundo a Ata já referida, a primeira diretoria foi composta pelas seguintes pessoas:

> Presidente: Sr. Luiz Carlos Ribeiro
> Vice-presidente: Sra. Heloisa Stockscheneider
> Tesoureiro: Carmem Pigatto
> 2º Tesoureiro: Lindamir Assis
> Secretário: Irene Kraj
> 2º Secretário: Elizete Goya
> Conselho Fiscal: João Grein, Edegar Loth, Paulo Grochoski, Josinei Batista, Mazilda Schimpack e Maria de Lourdes Gravonski.

Podem ser identificadas mais duas eleições de diretorias para a Casa Azul, as quais constam nas Atas de 05 de maio de 2005 e 26 de junho de 2008 (figura 31 e 32 respectivamente)[25], sempre com os

25 Não se excluem outras diretorias que por impossibilidade de dados não foram identificadas pela pesquisadora.

"pacientes" agora designados como participantes na diretoria, ficando os profissionais somente como figuras de apoio.

Ata da 1ª Reunião ordinaria de 2005 do dia 5 de Maio de 2005. Grupo Esperança Casa Azul, em sua dependência sita à Rua: Dr. José Bateux número 1138 S/N, Mafra-SC. Todas reunidas deu-se a Assembléia Geral para a eleição da nova diretoria e Conselho Fiscal, sendo que por 18 votos ficou assim constituída Presidente: Josenei Batista; Vice-presidente Maria Rosa Pauluk, Tesoureira: Mário Correia, Segunda Tesoureira: Risomar Alves de Lima, 1ª Secretária: Sueélia Alves, Segunda Secretária: Beatriz Grein, Coordenadora Promoção Social: Sonia de Lima Marx, Conselho Fiscal; ficou assim constituído: Sérgio Karuleski, Maria da Luz Gomes e Adriana Mazeika.
Sem mais assuntos, encerra esta ata assina Sueélia Alves, 1ª Secretária.

Josenei Baptista | Maria da Graça Selma
Maria Rosa Pauluk | Maria Josiel Santos

Figura 31 – Ata do dia 05 de maio de 2005
Fonte: Arquivos da Casa Azul0

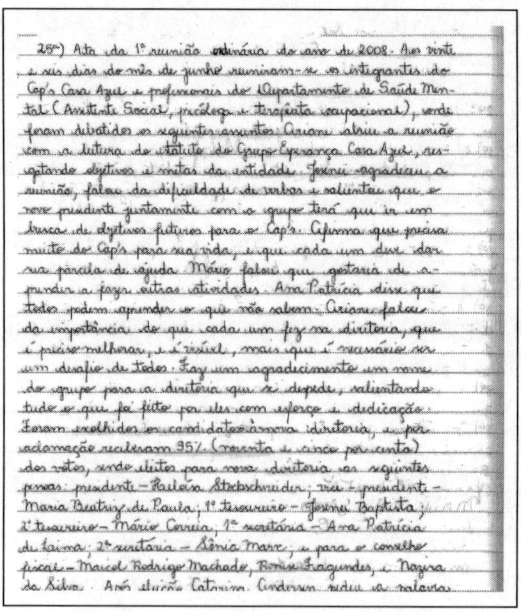

25ª) Ata da 1ª reunião ordinária do ano de 2008. Aos vinte e seis dias do mês de junho reuniram-se os integrantes do Cap's Casa Azul e profissionais do Departamento de Saúde Mental (Assistente Social, psicóloga e terapêuta ocupacional), onde foram debatidos os seguintes assuntos: Ariane abriu a reunião com a leitura do estatuto do Grupo Esperança Casa Azul, ressaltando objetivos e metas da entidade. Josenei agradeceu a reunião, falou da dificuldade de verbas e salientou que o novo presidente juntamente com o grupo terá que ir em busca de objetivos futuros para o Cap's. Afirma que precisa muito do Cap's para sua vida, e que cada um deve dar sua parcela de ajuda. Mário falou que gostaria de aprender a fazer outras atividades. Ana Patrícia disse que todos podem aprender o que não sabem. Ariane falou da importância do que cada um fez na diretoria, que é preciso melhorar, e é possível, mas que é necessário ser um desafio de todos. Faz um agradecimento em nome do grupo para a diretoria que se despede, salientando tudo o que foi feito por eles com esforço e dedicação. Foram escolhidos os candidatos à nova diretoria, e por aclamação receberam 95% (noventa e cinco por cento) dos votos, sendo eleitos para nova diretoria as seguintes pessoas: presidente – Heloisa Stockschneider; vice-presidente – Maria Beatriz de Paula; 1º tesoureiro – Josenei Baptista; 2º tesoureiro – Mário Correia; 1ª secretária – Ana Patrícia de Laima; 2ª secretária – Sônia Marx; e para o conselho fiscal – Maicol Rodrigo Machado, Ronise Fagundes, e Nazira da Silva. Após eleição Catarina Anderson pediu a palavra

Figura 32 – Ata 26 de junho de 2008
Fonte: Arquivos da Casa Azul

Em 27 de março de 1995, pela lei n. 2045, o prefeito Nery Antonio Nader declarou de Utilidade Pública o Grupo Esperança Casa Azul (figura 33).

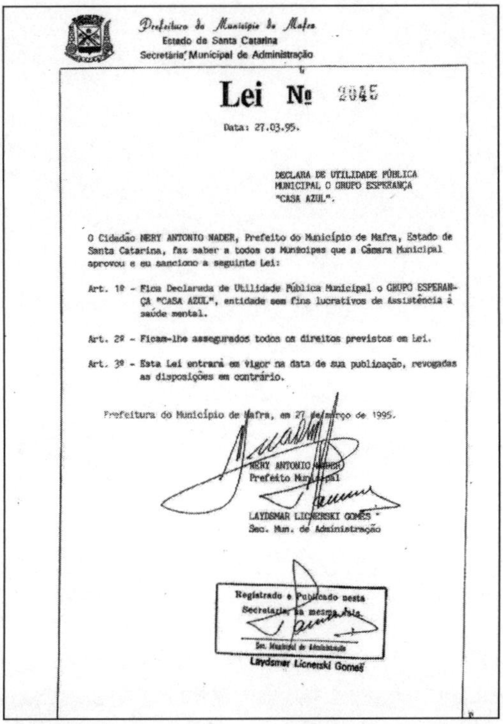

Prefeitura do Município de Mafra
Estado de Santa Catarina
Secretária Municipal de Administração

Lei Nº 2045

Data: 27.03.95.

DECLARA DE UTILIDADE PÚBLICA MUNICIPAL O GRUPO ESPERANÇA "CASA AZUL".

O Cidadão NERY ANTONIO NADER, Prefeito do Município de Mafra, Estado de Santa Catarina, faz saber a todos os Munícipes que a Câmara Municipal aprovou e eu sanciono a seguinte Lei:

Art. 1º - Fica Declarada de Utilidade Pública Municipal o GRUPO ESPERANÇA "CASA AZUL", entidade sem fins lucrativos de Assistência à saúde mental.

Art. 2º - Ficam-lhe assegurados todos os direitos previstos em Lei.

Art. 3º - Esta Lei entrará em vigor na data de sua publicação, revogadas as disposições em contrário.

Prefeitura do Município de Mafra, em 27 de março de 1995.

NERY ANTONIO NADER
Prefeito Municipal

LAYDSMAR LICNERSKI GOMES
Sec. Mun. de Administração

Registrado e Publicado nesta Secretaria, na mesma data.

Laydsmar Licnerski Gomes

Figura 33 – Cópia da Lei que reconheceu a Casa Azul como de Utilidade Pública.
Fonte: Arquivos da Casa Azul.

A Casa Azul também teve reconhecimento estadual como de utilidade pública pelo governador Paulo Afonso Evangelista Vieira na data de 9 de outubro de 1995 pela lei n. 9.926 (figura 34).

Na foto (figura 35), observa-se a inauguração da nova sede do Grupo Esperança Casa Azul em 10 de maio de 1999. Ela ficava localizada na Rua José Boiteux, ainda no Bairro da Vila Ivete, recebendo a nomenclatura de "Centro Terapêutico".

Este foi o primeiro espaço cedido pela municipalidade para funcionamento das atividades da Associação. Tratava-se de um antigo posto de saúde desativado. Naquela data, eram prefeito municipal e secretário

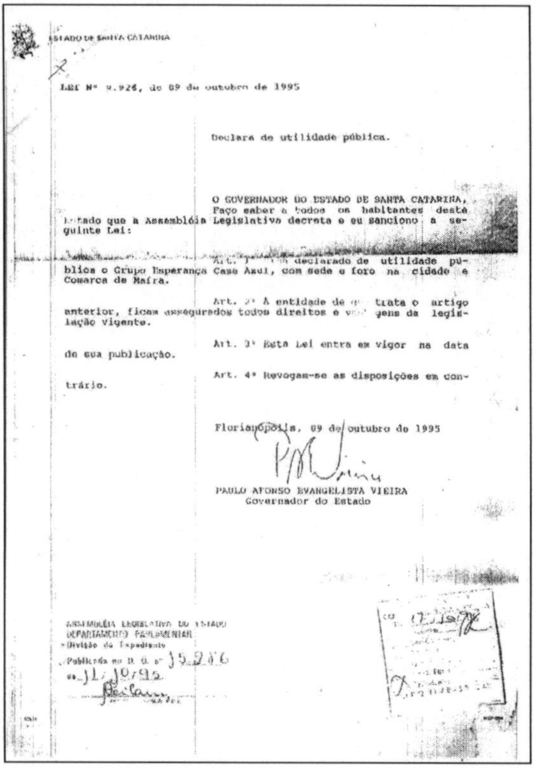

ESTADO DE SANTA CATARINA

LEI Nº 9.926, de 09 de outubro de 1995

Declara de utilidade pública.

O GOVERNADOR DO ESTADO DE SANTA CATARINA,
Faço saber a todos os habitantes deste Estado que a Assembléia Legislativa decreta e eu sanciono a seguinte Lei:

Art. 1º [illegible] declarado de utilidade pública o Grupo Esperança Casa Azul, com sede e foro na cidade e Comarca de Mafra.

Art. 2º A entidade de [illegible] trata o artigo anterior, ficam assegurados todos direitos e [illegible]gens da legislação vigente.

Art. 3º Esta Lei entra em vigor na data de sua publicação.

Art. 4º Revogam-se as disposições em contrário.

Florianópolis, 09 de outubro de 1995

PAULO AFONSO EVANGELISTA VIEIRA
Governador do Estado

ASSEMBLÉIA LEGISLATIVA DO ESTADO
DEPARTAMENTO PARLAMENTAR
Divisão de Expediente
Publicada no D. O. nº 15.2[illegible]6
em 11/10/95

Figura 34 – Lei n.9.926 o governador Paulo Afonso Evangelista Vieira declara a Casa Azul como utilidade pública.
Fonte: Arquivos da Casa Azul

Figura 35 – Inauguração da nova Sede da Casa Azul denominada de Centro Terapêutico em 10 de maio de 1990. Da esquerda para direita estão: Cláudio Gastal (psiquiatra da Casa Azul; Gabriel Kubis (secretário de saúde de Mafra-SC); Carlos Saliba (prefeito da cidade de Mafra-SC); Célia Saliba (primeira dama); usuários, familiares e comunidade.
Fonte: Arquivos da Casa Azul

de saúde, respectivamente, os médicos Carlos Saliba e Gabriel Kubis. O presidente da associação continuava sendo o representante dos usuários Luiz Carlos Ribeiro.

Em entrevista, o médico Gabriel Kubis – secretário da saúde do município de Mafra-SC (1997-2000) – relembra:

> *Procuramos achar um local que adequasse esse grupo, e foi oferecido três ou quatro lugares, mas sempre tinha algum defeito, uma dificuldade para que eles pudessem se instalar. Foi quando surgiu a ideia, já que neste mesmo momento estava sendo a construção do CAIC, que era de responsabilidade da secretaria de educação. Tinha o posto de saúde daquele bairro, que era a Vila Solidariedade, e este posto tinha sido desativado e tinha sido entregue, por benesse do prefeito da época, para uma família, e esta família passou a morar neste antigo posto de saúde. Nós pedimos a reintegração deste imóvel para a prefeitura, porque, com o término da obra do CAIC, dentro do próprio CAIC existia um espaço que era destinado à unidade de saúde, um posto de saúde, bem mais moderno, mais amplo, que atenderia toda aquela comunidade. Então, com isso, a gente conseguiu com que essa família saísse, houve uma grande reforma e entregamos, na ocasião, para o Dr. Cláudio, o coordenador desta entidade Casa Azul. E essa foto* (referência a figura 35), *se não me engano, era da inauguração deste espaço que foi doado para a Casa Azul, e que funciona até hoje.*

Os jornais também noticiaram a inauguração da Casa Azul na sede própria cedida pela prefeitura (figura 36), ressaltando que era o primeiro grupo desse tipo nos estados de Santa Catarina e Paraná. Todavia, é importante ressaltar o título da matéria totalmente desconexo: "deficientes vão lutar contra preconceito". Percebe-se que na época pouco se sabia sobre a diferença entre transtornos mentais e deficiência mental:

ESTADO — A Notícia — 11

Deficientes vão lutar contra preconceito

Mafra/Rio Negro — Com o objetivo de buscar soluções para os seus problemas, os deficientes mentais de Mafra e Rio Negro criaram o grupo "Esperança Casa Azul", sob a coordenação do psiquiatra Claudio Gastal e uma equipe composta de enfermeira, assistente social, terapeuta ocupacional e um psicólogo. O grupo é o primeiro no Paraná e Santa Catarina e reúne cerca de quarenta portadores de deficiência mental.

Na definição do Dr. Claudio Gastal, o grupo é um "movimento social pela saúde mental", pois tem a participação de vários segmentos da sociedade, além dos familiares dos pacientes. O trabalho teve início em março de 1993 e já proporcionou uma redução de 80 por cento nos internamentos hospitalares, que na maioria das vezes eram feitos em Curitiba e Florianópolis. Atualmente os hospitaisde Mafra e Rio Negro prestam assistência aos pacientes em crise, que nunca ficam internados mais de dez dias. Eles recebem orientações, em reuniões realizadas semanalmente, em local cedido pela Igreja Sagrada Família, onde desenvolvem principalmente a terapia ocupacional.

O grupo pretende agora construir sua sede e está buscando recursos junto aos poderes públicos das suas cidades, bem como de toda a comunidade. O local será destinado a um atendimento permanente, bem como um ponto de encontro dessas pessoas, que não raras vezes são marginalizadas pela sociedade.

Para o coordenador do grupo, a meta é "obter espaço para discussão e análise das situações concretas da vida das pessoas, incluindo aí o preconceito, a privação afetiva, a falta de oportunidades sociais, a falta de poder, enfim, a relação existente entre estas circunstâncias e a sua influência sobre a saúde mental".

"Outro objetivo é a criação conjunta, com a participação popular de novas práticas terapeuticas que fujam as tradicionais, já que estas tendem a adaptar o indivíduo acriticamente a sociedade, sem questionar, a qual tende a reduzir a pessoa a um ser individual, retirando-lhe a consciência de que é um ser social, com direito a participação nas decisões que afetam seu destino e o destino da sua comunidade", concluiu o psiquiatra Claudio Gastal.

Figura 36
Fonte: Arquivo pessoal Cláudio Gastal

Em maio de 1999, a Casa Azul estava completando 6 anos de funcionamento, atendendo cerca de 70 pacientes, o que foi noticiado por jornal não identificado (figura 37).

Casa Azul comemora 6 anos

Para comemorar os 6 anos le atividades na prestação de erviços na área de saúde mental população Riomafrense e da egião, o Grupo Esperança Casa Azul reuniu-se na última egunda-feira, 10 de maio, para solenidade de descerramento la placa indicativa na sede no intigo posto de saúde da Vila vete, onde funciona atualmente. Lá os 68 pacientes recebem tendimento psiquiátrico e psicológico, realizam atividades como terapia ocupacional nas oficinas de marcenaria e hortas, além de acompanhamento junto à familiares, desenvolvido por assistente social. Os profissionais de saúde pertencem ao quadro funcional da Secretaria de Saúde, da Prefeitura de Mafra.

O Grupo Esperança Casa Azul surgiu da constatação da precariedade dos serviços de saúde mental no país e da necessidade de "se realizar algo nos municípios de Mafra e Rio Negro, para minimizar os problemas relacionados ao tema. A idéia reuniu pacientes, familiares e profissionais da área de saúde mental. Hoje já é uma realidade e cumpre importante papel na sociedade, prestando acompanhamento aos pacientes e atuando no sentido de reduzir as internações. Em sua mensagem, o vice-presidente da entidade, Sérgio Karuleski creditou as conquistas alcançadas, à mobilização e organização do grupo, em busca de cidadania. A Secretária da Criança e Ação Social de Mafra, Célia Saliba destacou o trabalho realizado, dando ênfase às "pessoas valorozas e sensíveis aos problemas da sociedade". O Secretário de Saúde, Gabriel Kubis lembrou das dificuldades que o grupo enfrentou para a instalação da Casa Azul, e que hoje pode contar com esse espaço físico próprio

Figura 37 – Notícia de jornal a respeito da colocação da Placa indicativa da Sede da Casa Azul, denominada agora de Centro Terapêutico, 1999.
Fonte: Arquivos da Casa Azul

Na figura 38 pode ser conferido o Programa de Comemoração do 6º Aniversário de Fundação da Casa Azul.

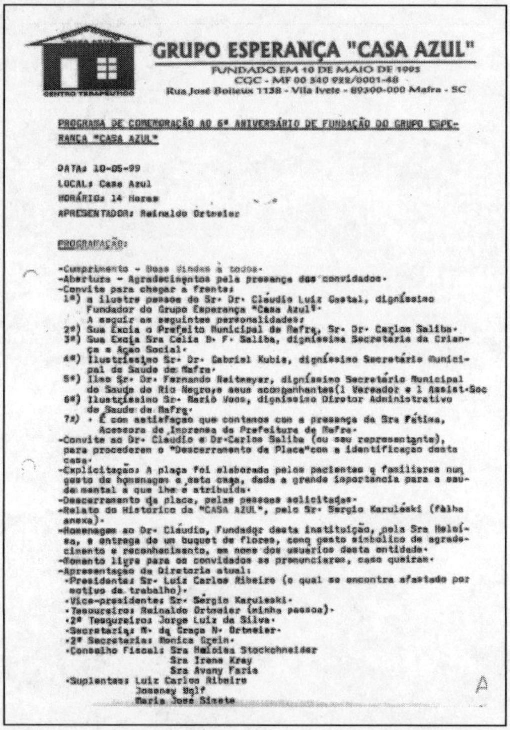

GRUPO ESPERANÇA "CASA AZUL"
FUNDADO EM 10 DE MAIO DE 1993
CGC - MF 00 340 922/0001-48
Rua José Boiteux 1138 - Vila Ivete - 89300-000 Mafra - SC

PROGRAMA DE COMEMORAÇÃO AO 6º ANIVERSÁRIO DE FUNDAÇÃO DO GRUPO ESPERANÇA "CASA AZUL"

DATA: 10-05-99
LOCAL: Casa Azul
HORÁRIO: 14 Horas
APRESENTADOR: Reinaldo Ortmeier

PROGRAMAÇÃO:

-Cumprimento - Boas Vindas à todos.
-Abertura - Agradecimentos pela presença dos convidados.
-Convite para chegar a frente:
1º) a ilustre pessoa do Sr. Dr. Cláudio Luiz Gastal, digníssimo Fundador do Grupo Esperança "Casa Azul".
A seguir as seguintes personalidades:
2º) Sua Excia o Prefeito Municipal de Mafra, Sr. Dr. Carlos Saliba.
3º) Sua Excia Sra Célia B. F. Saliba, digníssima Secretaria da Criança e Ação Social.
4º) Ilustríssimo Sr. Dr. Gabriel Kubis, digníssimo Secretário Municipal de Saude de Mafra.
5º) Ilmo Sr. Dr. Fernando Reitmeyer, digníssimo Secretário Municipal de Saude de Rio Negro, e seus acompanhantes(1 Vereador e 1 Assist.Soc
6º) Ilustríssimo Sr. Mario Voos, digníssimo Diretor Administrativo de Saude de Mafra.
7º) . É com satisfação que contamos com a presença da Sra Fátima, Acessora de Imprensa da Prefeitura de Mafra.
-Convite ao Dr. Cláudio e Dr.Carlos Saliba (ou seu representante), para procederem o "Descerramento da Placa"com a identificação desta casa.
-Explicitação: A placa foi elaborada pelos pacientes e familiares num gesto de homenagem a esta casa, dada a grande importancia para a saude mental à que lhe é atribuida.
-Descerramento da placa, pelas pessoas solicitadas.
-Relato do Historico da "CASA AZUL", pelo Sr. Sergio Karuléski (fôlha anexa).
-Homenagem ao Dr. Cláudio, Fundador desta instituição, pela Sra Heloísa, e entrega de um buquet de flores, como gesto simbolico de agradecimento e reconhecimento, em nome dos usuários desta entidade.
-Momento livre para os convidados se pronunciarem, caso queiram.
-Apresentação da Diretoria atual:
.Presidente: Sr. Luiz Carlos Ribeiro (o qual se encontra afastado por motivo de trabalho).
.Vice-presidente: Sr. Sérgio Karuleski.
.Tesoureiro: Reinaldo Ortmeier (minha pessoa).
.2º Tesoureiro: Jorge Luiz da Silva.
.Secretaria: M. da Graça M. Ortmeier.
.2º Secretaria: Monica Grein.
.Conselho Fiscal: Sra Heloisa Stockchneider
Sra Irene Kray
Sra Avany Faria
.Suplentes: Luiz Carlos Ribeiro
Josency Wolf
Maria José Sizete

Figura 38 – Cópia da primeira página do programa do sexto aniversário de fundação da Casa Azul, 10 de maio de 1999. Fonte: Arquivos da Casa Azul.

O termo de cessão de uso permanente do terreno e instalações do antigo posto de saúde, agora denominado Centro Terapêutico, sede da Casa Azul, foi assinado e entregue pelo Prefeito Carlos Saliba e noticiado pelo jornal *Gazeta de Riomafra* em agosto do ano 2000 (figura 39).

Enfim a Casa Azul teria uma sede própria que pode ser observada na figura 40 com todos os seus participantes/associados em frente durante uma festividade junina sem data.

Gazeta de Riomafra — LOCAL

Saliba recebe diretoria da Casa Azul

O Prefeito Carlos Saliba recebeu durante a semana a presidente da Casa Azul, Heloisa Stockschneider, o psiquiatra Claudio Gastal e o membro da entidade, Sérgio Karuleski, cuja visita teve por finalidade a entrega do termo de cessão de uso autorizando a permanência por tempo indeterminado, das instalações e terreno onde a Casa Azul atende atualmente. Na oportunidade o prefeito anunciou ainda uma subveução social para no valor de Mil Reais para a entidade.

O Grupo Esperança Casa Azul presta serviços na área de saúde mental à população riomafrense e da região há 7 anos. Funciona atualmente no antigo posto de saúde da Vila Ivete, na rua José Boiteux, nº 1138. Lá cerca de 70 pacientes recebem atendimento psiquiátrico e psicológico, acompanhamento junto a familiares desenvolvido por assistente social e realizam atividades de terapia ocupacional, O Grupo Esperança Casa Azul cumpre importante papel na sociedade, prestando acompanhamento aos pacientes e atuando no sentido de reduzir as internações.

Figura 39 – Cópia da notícia da A *Gazeta de Riomafra* em agosto do ano 2000 – Assinatura do termo de cessão de uso permanente do terreno e instalações da Casa Azul.
Fonte: Arquivos da Casa Azul

Figura 40 – Participantes da Casa Azul em frente a sede própria
Fonte: Arquivo pessoal Heloisa Stockscheneider

3. DOS OBJETIVOS TERAPÊUTICOS: "SER" E SER "SUJEITO" DO "FAZER"

A proposta de trabalho do Grupo Esperança Casa Azul tinha como preceito, conforme o seu estatuto, ser um grupo popular organizado que buscasse a expressão social com capacidade transformadora da realidade, na qual todos os seus componentes deveriam ter os mesmos poderes e direitos dentro do grupo, sem hierarquias e sem subordinação dos usuários e familiares aos técnicos. Um centro de convivência coletivo e democraticamente criado e gerido.

> A Associação Grupo Esperança Casa Azul tinha como intuito, de acordo com suas finalidades, os cuidados em saúde mental de forma digna e humana. Visava a importância da participação social na luta para a efetiva implantação de uma saúde pública com uma universalização da assistência a toda a população. Conforme o Estatuto, seu propósito era de ser um grupo popular organizado que buscasse ter uma expressão social com capacidade transformadora da realidade (DRAPALSKI; AMARANTES, 2019, S.P).

Todavia, para que a nova proposta funcionasse seria necessário um processo de cuidar em saúde mental diferenciado. Claudio Gastal lembra que, em diálogo com seus colegas profissionais envolvidos com o projeto, uma das preocupações sobre a qual se comentava era a respeito da necessidade de reafirmar a importância de esquecerem seus antigos saberes acadêmicos para estarem abertos ao novo que estava se apresentando:

> *Vamos esquecer tudo o que a gente sabe e vamos conversar mais com as pessoas, pois não estamos conseguindo resolver as coisas dessa forma nesse sistema que não leva a absolutamente nada.*

Cláudio diz ser importante ressaltar que essas críticas que fazia na tentativa de influenciar os demais profissionais eram também infundidas pelos movimentos que estavam acontecendo no país e pela reforma psiquiátrica italiana.

Para Basaglia, grande nome da reforma psiquiátrica italiana, era necessário colocar a doença mental entre parênteses para que se pudesse ocupar verdadeiramente das pessoas, do doente real em suas circunstâncias e de experiências subjetivas e objetivas (AMARANTE in BASAGLIA, 2010). Mas como fazer isso?

Era um desafio tanto para os pacientes, que não estavam acostumados com um tratamento que não fosse o medicamentoso, como para os profissionais de saúde, que carregavam consigo sua técnica, suas trajetórias profissionais e seus preceitos éticos, como recorda a assistente social Ariane Woehl.

Outro desafio muito difícil de ser superado era a falta de apoio financeiro, recorda o psicólogo Tadeu Geronasso, porque na época não havia política pública que incentivasse este tipo de ação e a Casa Azul não tinha vínculo com a prefeitura. Os recursos advinham da produção e venda dos produtos da própria associação.

> *Na época, contávamos com uma equipe de poucos profissionais e até enfrentamos dificuldades financeiras. Como a Casa Azul era uma associação, ela não demandava da prefeitura um vínculo de responsabilidade. Os bazares e bingos que foram sendo feitos no decorrer do processo eram uma forma de arrecadação financeira que auxiliava na manutenção dos custos com as atividades e os materiais.* (Cláudia Nunes, ex-terapeuta Ocupacional da Casa Azul)

A ex-participante da Casa Azul Catarina Andersen conta que foi difícil ter apoio das autoridades municipais:

> *... quando nos cederam um espaço, este era muito pequeno e não reconheciam verdadeiramente as necessidades de nós, pacientes de saúde*

mental. Tanto que entre a criação da Associação e a reivindicação do Caps levou 18 anos.

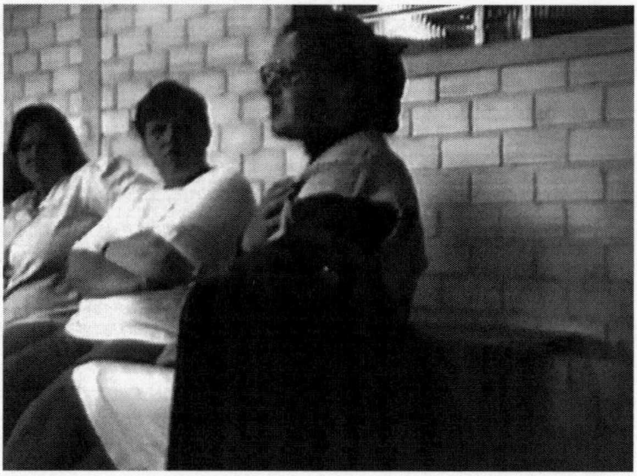

Figura 41 – Três participantes da Casa Azul, entre elas a primeira da esquerda para a direita – Catarina Andersen, em reunião de usuários, familiares e profissionais no salão da Igreja Sagrada Família, setembro de 1993. Fonte: Arquivo pessoal Cláudio Gastal

Apesar das dificuldades encontradas para manter o cuidado nos moldes em que a Associação Casa Azul se disponibilizava a fazer, Denise Dallagnol disse que a todo momento era motivada pelo médico Cláudio e que ela, como enfermeira na associação, mais ouvia do que fazia:

> *Inicialmente eu não sabia o que fazer naquele espaço, pois durante a minha formação na universidade eu não tive preparo para atuar dentro da área de saúde mental. Eu dizia para o Gastal que eu não tinha muito o que fazer na Casa Azul e que não me sentia útil, porém ele respondia: 'Você que pensa!'. Ele enxergava a nossa função e os resultados que o nosso trabalho traria aos pacientes no futuro.*

Como pode ser percebido na história da Casa Azul, a escuta é um dos principais métodos de trabalho no cuidado em saúde mental. As vozes são necessárias para a compreensão dos fenômenos pessoais e sociais dos indivíduos.

Assim como Denise, Márcia Dequeche foi uma das profissionais que trabalhou no início da Casa Azul e conta que as oficinas só foram planejadas a partir de uma pesquisa com todos os participantes da Casa, reconhecendo as suas individualidades e o que eles mais gostavam de fazer.

A melhora das condições de saúde mental após o início das atividades coletivas da Casa Azul é evidenciada nas falas de Catarina Andersen, ex-participante da Casa Azul, assim como de Vania – esposa de um ex-participante. Catarina lembra que ficou internada diversas vezes e diz que isso acontecia devido ao ineficiente e/ou inexistente acompanhamento dos pacientes:

> *Naquela época, antes da criação da Casa Azul, eu estava bem debilitada, minha saúde não era boa, eu já tinha passado por algumas internações. No município, não tinha um acompanhamento com os pacientes de forma adequada... a população discriminava bastante as pessoas com transtornos mentais...Com a associação, a rotina e as oficinas, eu melhorei bastante, eu já não era mais internada.*

Vania, esposa do seu Luis Carlos Ribeiro (*in memorian*), recorda que ele começou a fazer parte do grupo desde o início da criação do projeto, pois tinha depressão:

> *Eu percebi que ele teve uma melhora depois que entrou na Casa Azul, às vezes ele tinha uma recaída, pois era sempre muito perfeccionista e quando as coisas não estavam certas isso estressava ele. Mas posso dizer que fazer parte de algo – da Casa Azul – foi muito importante para a recuperação dele.*

Evidencia-se, nas falas, a importância de os sujeitos com diagnósticos de transtornos mentais terem um espaço para desenvolveram atividades atreladas a rotinas.

Em relação à convivência entre os participantes, Marcia Dequech contou que eles se relacionavam muito bem, criaram laços e amizades muito fortes. Em algumas situações, houve casos amorosos entre alguns pacientes e raramente aconteciam desentendimentos, os quais eram sempre resolvidos com diálogo.

Em situações mais complexas, Denise Dallagnol contou que Gastal solicitava aos colegas que fizessem atendimento compartilhado, contou que todos da equipe se ajudavam:

> *Nos atendimentos, nós fazíamos uma escuta ativa e tentávamos captar o que os pacientes queriam expressar. Eu achava interessante que o Gastal anotava tudo com relação aos pacientes, o que eles faziam e falavam, para poder compreender melhor a sua forma de ser e a sua história para desenvolver um cuidado mais qualificado.* (Denise Dallagnol, ex-enfermeira da Casa Azul)

No relato de Denise, podem ser identificadas características que complementam a escuta ativa, esta que aparece frequentemente nas falas dos profissionais envolvidos com a Casa Azul: desenvolver o cuidado a partir do conhecimento da sua história.

Nota-se as oficinas de atividades manuais que realizavam a partir da preferência dos participantes da Casa Azul por atividades de bordados, pintura, tapetes e tapeçaria, marcenaria. Havia ainda, no espaço externo, uma horta de morangos.

> *Vários pacientes demonstraram prazer em trabalhar na terra, então fizemos um canteiro maior...ainda externamente. Na nossa primeira Sede, tinha um pequeno rancho e decidimos cedê-lo para a criação de uma nova oficina de marcenaria, pois um dos nossos pacientes tinha habilidades nesse ramo. O mesmo começou a ensinar outros colegas das oficinas, e começaram a fazer carrinhos de madeira.* (Márcia Dequeche, ex-terapeuta ocupacional da Casa Azul)

Os próprios participantes da Casa Azul aprendiam uns com os outros. Outra atividade, dentre as preferidas, era a de relaxamento, como citou a psicóloga Edhea Lazzari em sua entrevista:

> *Eu fazia atendimentos individuais e também dinâmicas de grupo. Os pacientes gostavam muito, sempre participavam. Em um dos feedbacks eles apontaram que as sessões de relaxamento eram a sua atividade preferida.*

Faziam parte das atividades dos participantes da Casa Azul, além das já citadas anteriormente, as oficinas de culinária.

Catarina Andersen, cita em sua fala diversas dessas atividades. Além das destacadas anteriormente lembrou que faziam pão e capelleti:

> *Na época da Casa Azul, nós pagávamos as contas de aluguel, água, luz... com o dinheiro que passou a ser arrecadado por meio da venda dos nossos alimentos e os artesanatos que fazíamos nas oficinas. Tudo que a gente fazia tinha que ser bem feito, pois seria vendido para a comunidade.*

Sikkula e Arnkil (2020) reafirmaram que há muitas formas de sermos úteis, por isso essa ação de deixar o paciente escolher o que ele irá desenvolver em uma atividade que deveria ser terapêutica – que foi adotada desde o início da Casa Azul – é algo inovador para a época e muito efetivo na reabilitação social.

Algo que se somava ao acolhimento diferenciado e ao olhar multidisciplinar, apontou Ariane Woehl na sua entrevista, era a visibilidade de um processo de construção coletiva com a efetiva participação social dos envolvidos (profissionais, familiares, usuários e voluntários):

> *Interessante pensar que este trabalho construído de maneira horizontal, com base no diálogo, nas potencialidades humanas e sociais existentes, fora revolucionário para o entendimento de 'tratamento aos pacientes psiquiátricos do município.* (Ariane Woehl, ex-assistente social da Casa Azul)

Drapalski e Amarantes (2019), ao analisarem os livros atas do Grupo Esperança Casa Azul correspondentes aos anos de 1994, 1995 e 1996, identificaram que, no decorrer dos três anos, foram realizadas

73 reuniões com participação de aproximadamente 30 pessoas em cada uma delas, sendo essa participação considerada bastante efetiva. Dentre os assuntos mais debatidos durante os encontros, e que foram categorizados pelas autoras, estão: gestão; autonomia; participação comunitária/reinserção social; direito; participação democrática; mobilização. Foi observado por elas que a participação nas reuniões aumentava na proporção da quantidade de eventos e feiras de que os associados participariam e era frequente o envolvimento familiar (figura 42).

> *Em 1993, foi realizada a primeira feira na Praça Ferroviária de Mafra, onde foram expostos os artesanatos produzidos pelos pacientes. Nós fomos bem recebidos pela população local. Às pessoas que chegavam, nós explicávamos o nosso projeto, da participação dos pacientes e do local onde eles produziam.* (Márcia Dequeche, ex-terapeuta ocupacional da Casa Azul)

Figura 42 – Primeira participação da Casa Azul em praça pública - Antiga Praça do Correio, 12 de setembro 1993.
Fonte: Arquivo Casa Azul

As intervenções realizadas a partir da Casa Azul foram chamando a atenção dos municípios da região, sendo que consta na Ata do dia 4 de agosto de 1994 (figura 43), o relato de um participante da associação informando que uma assistente social do município de Itaiópolis-SC, município vizinho a Mafra, compareceria para a reunião do grupo na semana seguinte para obter mais informações sobre seu funcionamento.

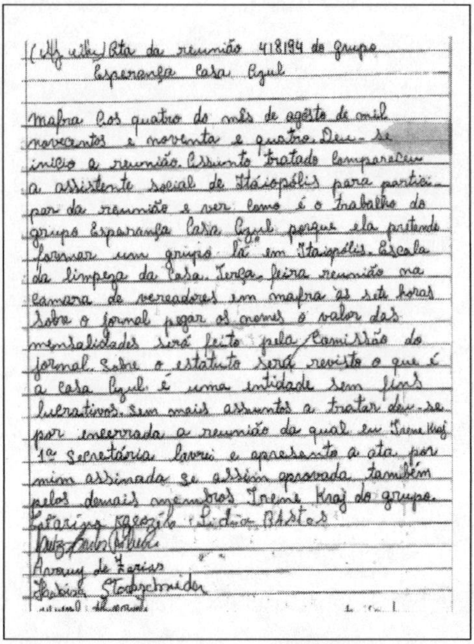

([illegible]) Ata da reunião 4/8/94 do grupo
Esperança Casa Azul

Mafra aos quatro do mês de agosto de mil novecentos e noventa e quatro. Deu-se início a reunião. Assunto tratado compareceu a assistente social de Itáiopólis para participar da reunião e ver como é o trabalho do grupo Esperança Casa Azul porque ela pretende formar um grupo lá em Itaiópolis. Escala da limpeza da Casa. Terça-feira reunião na Camara de vereadores em Mafra às sete horas. Sobre o jornal pegar os nomes o valor das mensalidades será feito pela Comissão do jornal. Sobre o estatuto será revisto o que é a Casa Azul é uma entidade sem fins lucrativos. Sem mais assuntos a tratar deu-se por encerrada a reunião da qual eu Irene Kraj 1ª secretária lavrei e apresento a ata por mim assinada se assim aprovada também pelos demais membros Irene Kraj do grupo.

[illegible signatures]

Figura 43 – Cópia da Ata do dia 04 de agosto de 1994
Fonte: Arquivos da Casa Azul

Ariane e Claudio citam em suas falas que a Casa Azul passou a ser campo de estágio do Curso de graduação em Serviço Social, assim como, mais adiante, para o curso de enfermagem e psicologia e, logo em seguida, educação física.

Na foto a seguir (figura 44), temos a então estagiária do curso de psicologia da Universidade do Contestado Cleonice Maydl em atividade com o ex-participante da Casa Azul Maicol Outmayer. Ao fundo podem ser observadas roupas arrecadadas para o bazar, em meados dos anos 90.

Cláudio Gastal contou que o Trabalho de Término de Curso de Cleonice foi sobre a expressão artística nas psicoses.

A Casa Azul passou de terapêutica para seus participantes à formação de novos profissionais para o mercado de trabalho.

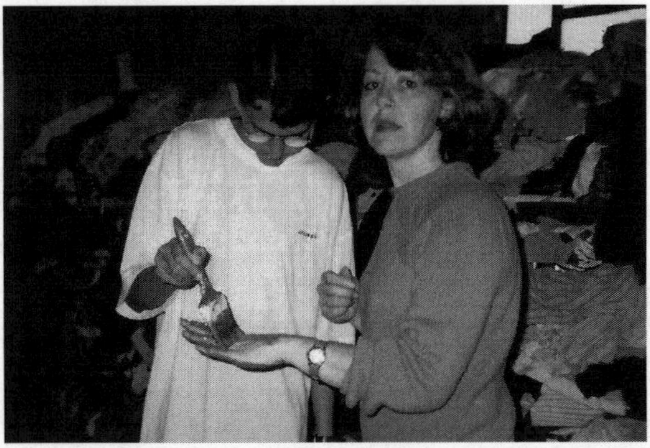

Figura 44 – Maicol e Cleonice em atividade de expressão artística na Casa Azul.
Fonte: Arquivos da Casa Azul

Cláudio, em várias oportunidades de relato sobre a constituição da Casa Azul, pontua que de fato o que aconteceu na época foi além do que os profissionais esperavam:

> *Eu creio que muito além de ações terapêuticas baseadas no conhecimento formal, o que mais ajudou as pessoas foi a possibilidade de criar vínculos com os outros, pois dentro disso elas se viam de uma forma diferente e conseguiam criar aspectos subjetivos mais ricos.* (Cláudio Gastal, ex-psiquiatra da Casa Azul)

É fato que foi fundamental a organização dos pacientes para o fim de reivindicar seus direitos como associação, mas a forma como isso se deu modificou os mecanismos de trabalho dos profissionais na saúde mental, passando a ser desenvolvido a partir das demandas dos seus participantes.

O apoio da comunidade para as atividades da Casa Azul só veio depois de ações nas rádios, praças, câmara de vereadores e gabinetes de prefeitos. Assim lembra a ex-participante da Casa Azul Catarina. Em sua fala, mais uma vez se destaca a importância do pertencimento:

> *Dr. Cláudio sempre batalhou bastante pela Casa Azul... Com ele, íamos até a prefeitura para conversar com o prefeito e requerer algumas melhorias.*

> *Por mais que as coisas não eram fáceis de conseguir e a casa onde era a Casa Azul não tinha uma boa estrutura, nós nos sentíamos felizes e pertencentes a algo.* (Catarina Andersen, ex-participante da Casa Azul)

É notável a importância do Grupo Esperança Casa Azul, pensando em novas formas de tratamento em saúde mental, como tantos outros grupos e movimentos sociais iniciados no Brasil naquela época, conforme destacou Drapalski e Amarantes (2019).

Nas feiras da cidade, aquelas pessoas se inseriram, colocaram uma banca para a venda de produtos e começaram a se sentir pertencentes a um processo participativo da vida comunitária, algo que antes não havia acontecido no município (figura 45).

Figura 45 – Participação da Casa Azul na Praça dos Bancos, 1993
Fonte: Arquivos da Casa Azul

Comprovava-se dessa forma a hipótese de que existe uma relação intrincada entre a atividade produtiva e a própria constituição do sujeito e das instituições. O trabalho, segundo Campos (2018)[26], significa não somente um meio para assegurar sustento material, mas também implica a própria constituição das pessoas e de sua rede de relações.

26 CAMPOS, Gastão Wagner de Sousa. *Um método para análise e co-gestão de coletivos: a constituição do sujeito, a produção de valor de uso e a democracia em instituições: o método da roda.* 5ª Ed. São Paulo: Hucitec, 2015.

> *Essa construção foi muito importante e emocionante, pois nós começamos a perceber que os pacientes estavam mudando positivamente, eles passaram a ser pessoas com vida e não meramente pacientes onde notava-se apenas os efeitos colaterais das medicações psiquiátricas.* (Cláudio Gastal, ex-psiquiatra da Casa Azul)

Quando Cláudio salienta em seu discurso que as pessoas que participavam da Casa Azul passaram de "meros" pacientes para pessoas com vida, pode-se compreender o papel da participação social na vida dos sujeitos, as dimensões do cuidado em liberdade no qual o profissional troca seu espaço de detentor do conhecimento para que o sujeito seja o protagonista da própria vida. Para isso acontecer, o mais importante pode não ser o tratamento medicamentoso, mas o entendimento de que a ocupação dos espaços públicos é para todos, independentemente das suas adequações morais.

Como o espaço da Casa Azul não era de início, nem sede oficial, nem alugada, sem uma relação oficial de espaço de tratamento, os pacientes a tinham como um lugar em que eles iriam espairecer, encontrar seus amigos, fazer um lanche e realizar suas atividades, reflete Denise Dallagnol:

> *Isso era muito bom, pois eles tinham a oportunidade de sair de casa e socializar. Através disso, eles criavam um vínculo com o espaço...*

No decorrer da constituição da Casa Azul, também houve várias dificuldades, muitas delas similares às que encontramos atualmente. Márcia Dequech dá alguns exemplos da falta de recursos e da estrutura precária para as atividades. Mesmo assim, Márcia termina sua fala de forma positiva, apontando a atmosfera da Casa Azul como um diferencial importante para que seus participantes se sentissem em casa:

> *Durante todo o tempo que permaneci, nos deparamos com bastantes dificuldades com relação a materiais e um local estruturado para as atividades.*

> *Apesar disso, foi uma época boa, pois foi o início de tudo. Tínhamos de quinze a vinte pacientes por dia, todos participavam nas oficinas e ajudavam a montar as coisas nos locais. Era um lugar onde eles se sentiam em casa, onde seus familiares também contribuíam para o desenvolvimento das oficias.*

Sobre a participação dos familiares, Cláudio diz que ela era muito fortalecida na época da Associação, o que foi um dos pilares para o sucesso desse projeto. Assembleias eram realizadas mensalmente.

Claudio aponta para a necessidade de compreender que o objetivo norteador da assistência ao sofrimento deve ser o paciente e, nesse sentido, o seu envolvimento com o contexto familiar por meio da realização de atividades operativas para trabalhar esse sofrimento é muito diferente do que ensinar os familiares a como trabalhar com o paciente isoladamente:

> *Promover a possibilidade para que a família possa visualizar que o usuário é valorizável e possui capacidades induz a um modo de tratamento que traz resultados terapêuticos mais benéficos.* (Cláudio Gastal)

Ficou evidente que a Casa Azul era muito o que os familiares dos participantes faziam com que fosse. Participantes e seus familiares confundem-se e fundem-se entre si, passando a ser o todo parte de um processo de continuidade de vida e não algo estagnado por um diagnóstico.

Quando falamos de familiares de doentes mentais, outro ponto bastante importante é que por vezes existe uma função exercida pelo membro que adoece e para o núcleo familiar, isso é vital para manter os demais membros aliviados (DALMOLIN, 2006). Dessa forma, o modo como a família é integrada no cuidado e ao mesmo tempo cuidada refletirá na dinâmica familiar e na construção de novos papéis perante a sociedade.

> *Sempre incentivamos a participação das famílias, pois é de extrema importância para o sucesso do tratamento.* (Edhea Lazzari)

Aqui salta aos olhos o cenário que Desviat (2018, p.17) diz ser o que o motiva quando pensa em um futuro alternativo à psiquiatrização, que é impensável não contar com os próprios sofredores psíquicos, contar com eles como partícipes com a capacidade de decisão na ação terapêutica, assim como as famílias: "é uma tarefa urgente de mantê-las como aliadas... Igualmente, faz-se urgente trabalharmos para ganhar o apoio de boa parte da sociedade civil".

Reinaldo Outmayer, pai do ex-participante da Casa Azul Maicol, conta que na época ele chegou a tomar a frente de algumas atividades que aconteciam na Casa Azul. Reinaldo foi tesoureiro da Casa:

> *Lá tinha um espaço destinado para marcenaria, com alguns equipamentos como lixadeira, cepilhadeira, empilhadeira, serra-fita, entre outros. Eu já trabalhava com isso e resolvi na época ensinar os pacientes mais habilidosos e que apresentavam menos risco para manusear as ferramentas. Os caminhões de madeira que nós vendíamos eram feitos na nossa oficina. Eu trabalhei durante anos nessas oficinas e nenhum paciente se machucou. Além de mim, também trabalhava o Josnei Batista, que ajudava bastante e fazia vários tipos de brinquedos.*

Os caminhões de brinquedo eram vendidos em feiras e deixados no mercado para venda. Além disso, Reinaldo também cita a época em que eram feitos pães para venda no mercado Mig da Vila Ivete em Mafra-SC.

Poder vender algo e receber dinheiro por isso fez com que os pacientes se sentissem motivados e recompensados. Foi algo muito importante, principalmente quando se observa que a maioria deles não tinha boas condições financeiras, outros não se viam capazes de serem úteis, alguns nem conheciam dinheiro.

Figura 46 – Na foto, Maicol Outmayer e Josinei Baptista na marcenaria da Casa Azul – Maio de 2004. Fonte: Arquivos pessoais família Outmayer

> *Quando organizávamos feiras a fim de vender os artesanatos dos pacientes, era uma festa, pois os pacientes se sentiam bastante recompensados em vender a sua arte e receber dinheiro por isso.* (Denise Dallagnol)

Ariane Whoehl destaca que a participação dos usuários e familiares em todos os assuntos junto dos profissionais da época acontecia de maneira democrática e participativa:

> *As assembleias, por mais 'esquizofrênicas' que poderiam parecer, ensinavam que a construção social coletiva de empoderamento só se dava mediante o respeito à diversidade de opiniões e na proatividade de fazer o que nunca foi feito antes.*

Características como o respeito à diversidade de opiniões e a participação democrática, que fizeram parte da Casa Azul, deveriam ser a realidade cultural de qualquer sociedade considerada madura, em qualquer contexto, não somente quando se trata de reforma psiquiátrica e/ou movimentos de usuários de saúde mental.

Quando se nomeia a participação em uma associação na qual seus participantes têm direito de "ser" o que são – sendo assim aceitos pelos demais –, bem como de se tornarem "sujeitos" do "fazer", eles se sentem como todos os outros sujeitos do mundo, ocupando os lugares comuns como o lugar do trabalho e/ou a participação de um coletivo.

4. PARTICIPAR DE UMA ASSOCIAÇÃO: DEIXANDO O ANONIMATO

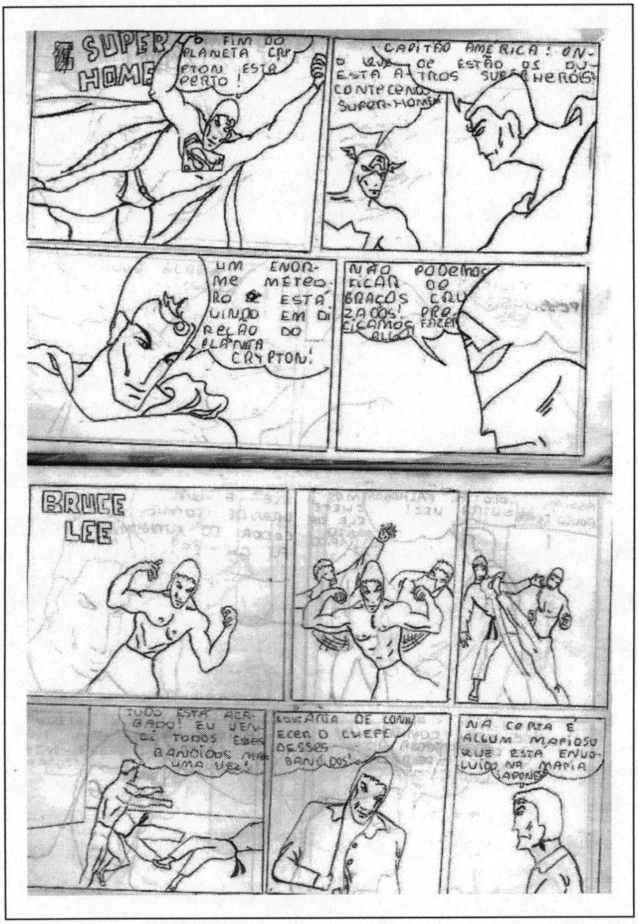

Figura 47 – História em quadrinhos desenhada pelo ex-participante da Casa Azul Flaviano, (S/D).

Para Amarante (2021), o movimento da Reforma Psiquiátrica não trata somente de superar um modelo assistencial manicomial, asilar, segregador e violento, mas também de transformar as relações e produzir novos lugares sociais. Na experiência da Casa Azul, pode ser observada essa potência, esse protagonismo assumido por "antigos pacientes", participantes denominados como tal, antes meros objetos das intervenções políticas e técnicas. Assim bem observou Ariane Whoehl, ex-assistente social da Casa Azul:

> *Olhando para a trajetória das construções coletivas que temos na nossa história, podemos de maneira generalizada dizer que todas as iniciativas institucionais de mudanças foram ousadas para a época, pois em essência tínhamos culturalmente desenvolvidos comportamentos individuais e coletivos nos métodos que colocavam os usuários em condições de executores e cumpridores de ações, muitas vezes desvinculados a realidade dessas pessoas.*

Culturalmente os profissionais da saúde desenvolvem um comportamento mais na postura de comando e bastante medicalista quando se trata de usuários de saúde mental. Esse comportamento pode ser percebido em outras áreas também, como assistência e educação, quando muitas das coisas que propomos vai em desencontro à realidade das pessoas que chegam até nós para receberem cuidado. Por vezes reproduzimos a prática manicomial em outros cenários. O manicômio é um modelo que considera que o sujeito perde a capacidade de discernimento, da razão e da autonomia. A participação em uma associação onde o contrário desse modelo era aplicado devolveu na prática o direito de decisão, de estar nos lugares, de "ser".

Na figura 48, podemos confirmar que os participantes da Casa Azul tinham conquistado um lugar social, mesmo com todas as dificuldades que teimavam em cercar os seus direitos.

A figura 49 mostra a participação de três membras da Casa Azul na Conferência Municipal de Saúde de Mafra no Hotel Suzin. Segundo a ex-participante da Casa Azul Heloisa Stockscheneider devia ser no ano de 2008, mas não lembrava direito. Na foto da esquerda para a direita está ela, Maria Beatriz de Paula e Maria Joana Maia.

ANREGIONAL

A Notícia — 5

Casa Azul transforma vida de doente mental

Grupo de profissionais, em Mafra, atende 35 pessoas que enfrentam preconceito da sociedade, mas ainda lutam por respeito

Mara Kamienski

...fra - O Brasil entra em mais ...ampanha da fraternidade, e ... o tema excluídos. Pessoas ...io têm o direito à cidadania, ...s vezes nem ao prato de ...a. Entre os grupos que são ...palizados, estão os doentes ...is.

...a tentar reintegrar o doente ...l à sociedade, Mafra conta ... Casa Azul.

... no meio ...rência de ...s e cuida... ...equados à ... mental, ao ...cimento e ...o.

... local são ...idos 35 ...s mentais, ... passaram ... de suas ... num vaie... ...de interna... ... muitas vezes sofrendo com ...dio da família. Elas encon... ...a Casa Azul um lugar onde ... conversar sobre sua doen... ...s planos e suas vidas.

... Casa Azul, o doente mental, ...do pelos psicólogo Tadeu ...asso, psiquiatra Cláudio ...l, terapeutas ocupacionais Márcia Dequech e Cláudia Nunes, enfermeira Denise Dallagnoll, consegue lutar contra o preconceito e construir comunitariamente sua dignidade. Os profissionais integram o Grupo Esperança Casa Azul.

Corte e costura, artesanato, marcenaria, horta, culinária e atividades culturais são as oficinas oferecidas na casa durante toda a semana. Nestas atividades, o doente mental busca reencontrar seu motivo de vida e ocupa seu tempo, facilitando sua recuperação.

Doenças crônicas, esquizofrenias, psicoses afetivas, são alguns dos distúrbios que atingem os freqüentadores da Casa Azul, segundo Cláudio Gastal.

Ele acredita que o principal problema dentro da área de saúde mental está na falta de locais adequados para os doentes. "Precisamos em Mafra com urgência de um local para tratar estas pessoas, assim como a Casa Azul necessita de um maior número de profissionais", comenta Cláudio.

"O doente mental, pelas possibilidades de encontrar-se numa situação de alienação, está mais exposto a abusos, maus-tratos e tratamento desumano".
Publicado no Jornal da Casa Azul

Oficina de artesanato é uma das atividades oferecidas pela Casa Azul. Produção é vendida para ajudar pacientes que não têm recursos

Figura 48 – jornal *A Notícia Regional* publica matéria com o título "Casa Azul transforma vida de doente mental", 1995.
Fonte: Arquivo Casa Azul

Figura 49 – Participação da Conferência Municipal de Saúde de Mafra, Hote Suzin, ano de 2008 (sic).
Fonte: Arquivo pessoal Heloisa Stockscheneider

A participação nas conferências, reuniões do conselho, nos projetos culturais e a organização de bazares, bingos e passeios eram uma realidade para eles que estava posta, vivenciada e noticiada para toda a sociedade.

> *Os pacientes gostavam bastante de participar desses projetos de arrecadação de dinheiro, tanto para compra de materiais para as oficinas ou outras necessidades d entro da Casa Azul.* (Claudia Nunes, ex-terapeuta ocupacional da Casa Azul)

Também havia a possibilidade de conhecer novos lugares com a realização de passeios. Segundo a Terapeuta Ocupacional Cláudia Nunes, a prefeitura disponibilizou, por certo período, um ônibus para que os profissionais pudessem acompanhá-los a visitas culturais e de lazer, como o piquenique no Seminário Seráfico São Luis de Tolosa em Rio Negro-PR (figura 50) e o passeio no Parque do Beto Carrero World, em Penha-SC (figura 51):

Figura 50 – Piquenique realizado pelos participantes e profissionais da Casa, 2007
Fonte: Arquivo Casa Azul

Conforme relatou a assistente social Cláudia Nunes, muitos participantes da Casa Azul não teriam oportunidade de conhecer novos lugares, de passear, se não fosse a participação na Associação:

> *Muitos usuários não tinham oportunidade e condições em realizar essas atividades sem a Casa Azul, por isso se tornava algo muito importante e que pudesse fazer a diferença na vida deles.* (Cláudia Nunes, ex-terapeuta ocupacional da Casa Azul)

Figura 51 – Passeio realizado no Parque Beto Carrero World pelos participantes e profissionais da Casa Azul, 2009.
Fonte: Arquivo Casa Azul

Outro aspecto cultural muito importante que repetidamente aparece nas atas da Casa Azul é que o grupo passou a ter seu próprio meio de expressão com o *Jornal da Casa Azul*. A tiragem era de quinhentos exemplares, segundo consta no resumo dos trabalhos desenvolvidos até 1993 pela Comissão Intermunicipal de Saúde Mental de Rio Negro e Mafra, a qual apoiava profissionalmente a Associação Casa Azul. O jornal já estava naquela oportunidade em seu terceiro número.

A seguir podem ser visualizadas as duas primeiras edições do *Jornal da Casa Azul*, sendo a primeira edição de outubro de 1993, tratando sobre os objetivos do jornal e da Casa Azul em si (figura 52).

A segunda edição do *Jornal da Casa Azul* teve sua publicação em novembro de 1993 com foco no convite às pessoas a conhecer e participar das reuniões do grupo, assim como traz depoimentos dos participantes.

O jornal produzido pelo grupo passou a ser ser entregue à população local. Os próprios pacientes eram responsáveis pelas matérias e colunas, assim como por pedir possíveis patrocínios. A participação dos usuários de saúde mental e seus familiares nas ações da Casa era evidente em todos os processos.

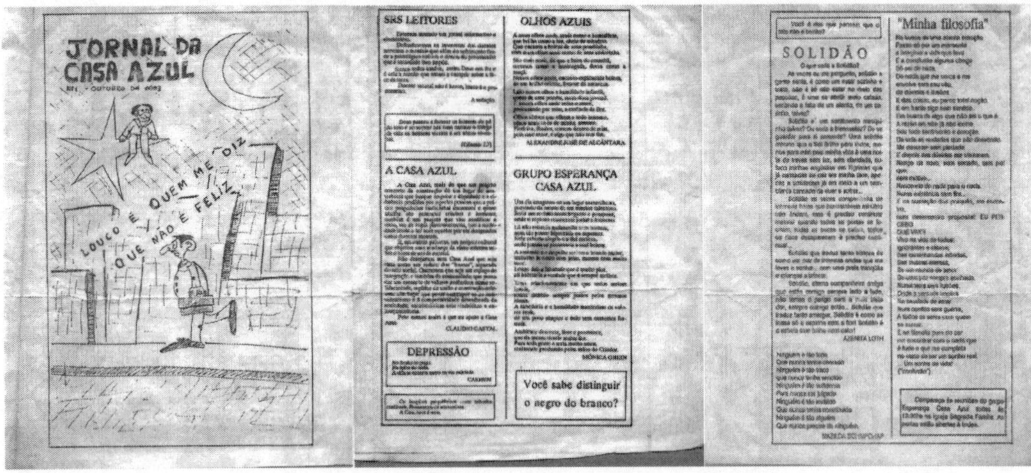

JORNAL DA CASA AZUL

SRS LEITORES

OLHOS AZUIS

A CASA AZUL

GRUPO ESPERANÇA CASA AZUL

DEPRESSÃO

Você sabe distinguir o negro do branco?

SOLIDÃO

"Minha filosofia"

Figura 52 – Primeira edição do *Jornal da Casa Azul* – Outubro de 1993.
Fonte: Arquivo pessoal Heloisa Stokcheneider

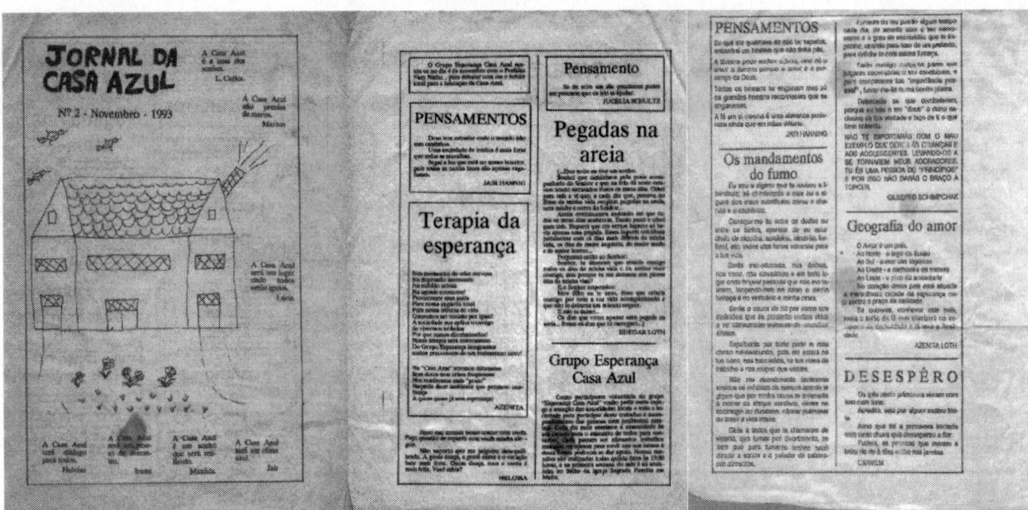

JORNAL DA CASA AZUL

Nº 2 - Novembro - 1993

PENSAMENTOS

Terapia da esperança

Pensamento

Pegadas na areia

Grupo Esperança Casa Azul

PENSAMENTOS

Os mandamentos do fumo

Geografia do amor

DESESPÊRO

Figura 53 – Segunda edição do *Jornal da Casa Azul* – Novembro de 1993
Fonte: Arquivo pessoal Eloisa Stokcheneider

Heloisa Stockscheneider, ex-participante da Casa Azul, disse em entrevista que o jornalzinho foi uma das coisas mais legais que a Casa Azul fez, pois todos participavam de alguma forma e ainda conseguiam que a comunidade soubesse mais sobre as doenças mentais e os trabalhos desenvolvidos na Associação.

Ao ler os jornais produzidos pelos participantes da Casa Azul pode ser percebido pautas bastante importantes como a falta de medicamentos e tratamentos desumanos que eram executados na época. Também apresentava ao mundo novos artistas, poetas.

Na figura 54, pode ser observada uma das últimas versões do *Jornal Casa Azul*, que tinha como temática principal o dia 18 de maio pela luta antimanicomial.

JORNAL Casa Azul

EDIÇÃO Nº 18 ANO 2007

Equipe Técnica: Médico Psiquiatra: Claudio Gasta
Assistente Social: Ariane Weihl - Psicóloga: Cintia Carpen
Terapeuta Ocupacional: Fabiola M. Amaral

Equipe do Jornal: Maria de Lourdes-Cecília-Adriano-Josane-Maria Joana-Maria da Luz- Antônio-Luis Ribeiro-Nazira-Darci-Atanas-Mário-Jacilia-Maicon-Josmei-Humberto

O Jornal da Casa Azul retoma a circular. E retorna pois queremos mostrar à comunidade, a sociedade, o quanto o Grupo Esperança Casa Azul - que começou pequenininho e frágil- cresceu e amadureceu. Hoje estamos conscientes da importância da solidariedade que temos entre nós no caminho de nossa melhora, estamos conscientes da importância de que para nossa melhora seja maior deva existir sentimentos e atitudes de solidariedade dentro da sociedade que nos rodeia. Queremos ser reconhecidos como cidadãos que tem direitos como qualquer outra pessoa. Desejamos ser ouvidos de igual para igual, seja com a sociedade em geral, seja com os poderes constituídos. No processo de desenvolvimento de nosso grupo aos poucos percebemos que existem pessoas que estão do nosso lado e que existem pessoas que, se não estão contra nós, não percebem a importância de nos considerarem como cidadãos plenos. Na defesa do nosso direito à saúde, relançamos nosso jornal. Ele será nosso porta voz, seja no reconhecimento de atitudes solidarias, seja na denúncia de negligencias que possam ocorrer a nosso respeito"

Dia 18 de maio é o Dia Nacional de Luta Antimanicomial.

O Movimento Nacional de Luta Antimanicomial (MNLA) é um movimento social existente desde 1987 e disseminado por todos os estados do Brasil. Tem como metas o fechamento de hospícios e manicômios do país e a promoção de uma cultura de tratamento, convivência e tolerância, no seio da sociedade, para as pessoas com sofrimento emocional de qualquer tipo.

deveria ser curado e tornado inofensivo a esta sociedade.

A reforma psiquiátrica traz para a discussão a elaboração de práticas assistenciais que produzam um novo modo de entender o sofrimento mental e de uma nova

Equipes de apoio em saúde mental dentro do Programa de Saúde da Família, Oficinas e Cooperativas de Trabalho. Além destes equipamentos também está sendo utilizada uma política de acompanhamento dos serviços prestados ao paciente com

Figura 54 – Primeira página do *Jornal da Casa Azul* – Edição n.18, ano de 2007.
Fonte: Arquivos da Casa Azul

Também foram encontrados alguns recortes de jornais nos quais eram postadas histórias de participantes da Casa Azul, informações sobre as doenças mentais, direitos dos pacientes, dentre outras temáticas, tudo com o objetivo de dar visibilidade ao tema e às ações e benefícios da Casa Azul, como pode ser visto nas figuras 55 e 56.

SAÚDE MENTAL

No último dia 18 de maio, a Casa Azul me parceria com a Secretaria Municipal de Saúde, participou do movimento de Luta Antimanicomial sob e slogam "Saúde Mental - Cuidar em Liberdade. Promover Cidadania". Foi realizada uma exposição dos trabalhos confecionados nas oficinas terapêuticas uma exposição de fotos com divulgação pelos próprios usuários de trabalho realizado em saúde mental em Mafra.

ESPAÇO INFORMATIVO DA CASA AZUL

No presente número deste jornal, entramos em contato com a comunidade riomafrense para levar a todos com prazer novamente as notícias e recados da CASA AZUL sobre psiquiatria.

O QUE É SAÚDE MENTAL?

Embora a expressão "saúde mental" possa ter significados diferentes para diferentes pessoas, a auto-estima e a capacidade de estabelecer relações afetivas com outras pessoas são componentes importantes da saúde mental universalmente aceitos. Pessoas mentalmente saudáveis compreendem que não são perfeitas nem podem ser tudo para todos. Elas vivenciam uma vasta gama de emoções, incluindo tristeza, raiva e frustração, assim como alegria, amor e satisfação. Enquanto caracteristicamente, são capazes de enfrentar os desafios e as mudanças da vida cotidianas, sabem procurar ajuda quando têm dificuldade em lidar com traumas e transições importantes: perda de pessoas queridas, dificuldades conjugais, problemas escolares e profissionais ou a perspectiva da aposentadoria.

FALAREMOS AGORA, UM POUCO SOBRE DOENÇA MENTAL:

Se você em uma doença mental, você não está só. Felizmente, hoje em dia, há tratamentos eficazes para muitas doenças mentais. No entanto, infelizmente, a maioria das pessoas não procura ajuda. Muitas pensam, erroneamente, que sejam culpadas pelos seus sintomas ou que estes sejam causados por alguma fraqueza pessoal. Acreditam que, com bastante esforço, possam superar seus problemas sozinhas e, com isso, sofrem desnecessariamente.

Na realidade, as doenças mentais envolvem frequentemente disfunções biológicas que requerem tratamento profissional. Pessoas com doenças mentais necessitam de tratamento e de ajuda para lidar com os problemas cotidianos.

Diferentemente do que foi explanado acima, muitas vezes os próprios familiares impõem, erroneamente, este sentimento no doente. Sendo assim, se faz importante esclarecer, principalmente, os familiares quanto a doença em si, e quanto aos procedimentos para com o doente incluindo muito amor, respeito e compreensão.

Até a próxima edição!

Figura 55 – Recortes de jornais que falam sobre dia 18 de maio – luta antimanicomial e informações sobre doenças mentais (sem nome e data). Fonte: Arquivos da casa Azul

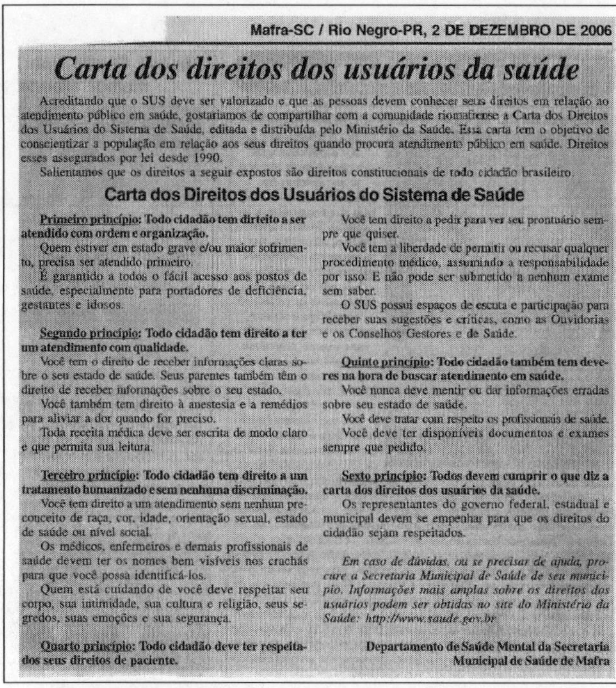

Mafra-SC / Rio Negro-PR, 2 DE DEZEMBRO DE 2006

Carta dos direitos dos usuários da saúde

Acreditando que o SUS deve ser valorizado e que as pessoas devem conhecer seus direitos em relação ao atendimento público em saúde, gostaríamos de compartilhar com a comunidade riomafrense a Carta dos Direitos dos Usuários do Sistema de Saúde, editada e distribuída pelo Ministério da Saúde. Essa carta tem o objetivo de conscientizar a população em relação aos seus direitos quando procura atendimento público em saúde. Direitos esses assegurados por lei desde 1990.

Salientamos que os direitos a seguir expostos são direitos constitucionais de todo cidadão brasileiro.

Carta dos Direitos dos Usuários do Sistema de Saúde

Primeiro princípio: Todo cidadão tem dirteito a ser atendido com ordem e organização.

Quem estiver em estado grave e/ou maior sofrimento, precisa ser atendido primeiro.

É garantido a todos o fácil acesso aos postos de saúde, especialmente para portadores de deficiência, gestantes e idosos.

Segundo princípio: Todo cidadão tem direito a ter um atendimento com qualidade.

Você tem o direito de receber informações claras sobre o seu estado de saúde. Seus parentes também têm o direito de receber informações sobre o seu estado.

Você também tem direito à anestesia e a remédios para aliviar a dor quando for preciso.

Toda receita médica deve ser escrita de modo claro e que permita sua leitura.

Terceiro princípio: Todo cidadão tem direito a um tratamento humanizado e sem nenhuma discriminação.

Você tem direito a um atendimento sem nenhum preconceito de raça, cor, idade, orientação sexual, estado de saúde ou nível social.

Os médicos, enfermeiros e demais profissionais de saúde devem ter os nomes bem visíveis nos crachás para que você possa identificá-los.

Quem está cuidando de você deve respeitar seu corpo, sua intimidade, sua cultura e religião, seus segredos, suas emoções e sua segurança.

Quarto princípio: Todo cidadão deve ter respeitados seus direitos de paciente.

Você tem direito a pedir para ver seu prontuário sempre que quiser.

Você tem a liberdade de permitir ou recusar qualquer procedimento médico, assumindo a responsabilidade por isso. E não pode ser submetido a nenhum exame sem saber.

O SUS possui espaços de escuta e participação para receber suas sugestões e críticas, como as Ouvidorias e os Conselhos Gestores e de Saúde.

Quinto princípio: Todo cidadão também tem deveres na hora de buscar atendimento em saúde.

Você nunca deve mentir ou dar informações erradas sobre seu estado de saúde.

Você deve tratar com respeito os profissionais de saúde.

Você deve ter disponíveis documentos e exames sempre que pedido.

Sexto princípio: Todos devem cumprir o que diz a carta dos direitos dos usuários da saúde.

Os representantes do governo federal, estadual e municipal devem se empenhar para que os direitos do cidadão sejam respeitados.

Em caso de dúvidas, ou se precisar de ajuda, procure a Secretaria Municipal de Saúde de seu município. Informações mais amplas sobre os direitos dos usuários podem ser obtidas no site do Ministério da Saúde: http://www.saude.gov.br

Departamento de Saúde Mental da Secretaria Municipal de Saúde de Mafra

Figura 56 – Carta dos direitos dos usuários da saúde escrita pelo Departamento de Saúde Mental da Secretaria municipal de saúde de Mafra, jornal *Tribuna da Fronteira*, 2 de dezembro de 2006.
Fonte: Arquivos de Cláudio Gastal

Além do jornal, foram produzidos filmes caseiros. Tivemos acesso a um deles, de título "Jade". O texto foi escrito por Carlinhos Gonçalves e Cláudio Gastal participou como cinegrafista. Josenei Baptista fez o pai da personagem principal e houve participação de outras pessoas da Casa Azul. O filme trata de Jade, uma personagem andrógena, que se transformava de homem em mulher sob o efeito de ervas alucinógenas. O filme acaba em uma tomada no cemitério (este filme está no arquivo pessoal de Cláudio Gastal e agora faz parte do arquivo do Caps I Casa Azul)

Outras ações que chamam a atenção são aquelas organizadas para posicionamentos na câmara de vereadores e representação perante o gabinete do prefeito, bem como ações para auxiliar outras pessoas da comunidade, como pode ser lido na Ata do dia 15 de setembro de 2005 (figura 57), uma ação realizada pelos membros da Casa Azul para arrecadação de doces para as crianças carentes. Nesse sentido, podemos perceber que os próprios "pacientes" tentam participar ativamente da sociedade por meios diversos, deslocando-se do seu próprio lugar de recebedor do cuidado.

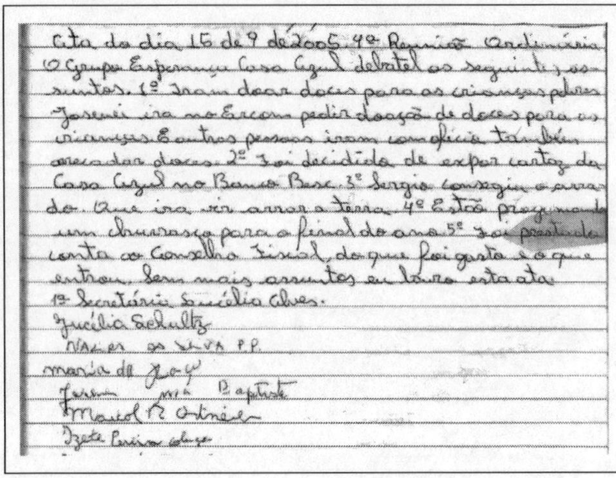
Ata do dia 15 de 9 de 2005. 4ª Reunião Ordinária
O Grupo Esperança Casa Azul debateu os seguintes as-
suntos. 1º Iram doar doces para as crianças pobres
Josenei ira no Ercom pedir doação de doces para as
crianças. E outras pessoas iram com ofício também
arrecadar doces. 2º Foi decidido de expor cartaz da
Casa Azul no Banco Besc. 3º Sergio conseguiu o arra-
do. Que ira vir arrar a terra. 4º Estão programando
um churrasco para o final do ano. 5º Foi prestado
conta ao Conselho Fiscal, do que foi gasto e o que
entrou. Sem mais assuntos eu lavro esta ata.
1ª Secretária Sucélia Alves.
Sucélia Schultz

Figura 57 – Ata do dia 15 de setembro de 2005.
Fonte: Arquivos da Casa Azul

Cláudio Gastal relembra uma visita domiciliar realizada pela equipe da Casa Azul a uma paciente que trabalhava em uma indústria e morava em uma parte separada da casa dos parentes, pois eles não queriam que ela morasse junto deles. No relato, fica evidente como a participação nos grupos que eram desenvolvidos na Casa Azul foi motivo de alegria para muitos sujeitos:

> *Ela disse que se sentia muita sozinha em casa e afirmou que a época mais feliz da vida dela foi quando participou de um grupo onde ela era tratada muito bem e onde poderia conversar com todos sem ter receio de ser julgada. A Casa Azul também proporcionou isso.* (Cláudio Gastal, ex-psiquiatra da Casa Azul)

A enfermeira Denise Dallagnol comenta que a participação, o sentir-se parte de algo e a interação social em prol de um objetivo foram fatores determinantes na diminuição do número de internações psiquiátricas que os profissionais perceberam no decorrer do tempo. Não estando mais internados por tantas vezes, os participantes teriam mais chances de estar na comunidade.

Márcia Dequeche, ex-terapeuta ocupacional da Casa Azul, assim como Denise Dallagnol, ex-enfermeira da Casa Azul, também perceberam uma queda nas internações:

> *Além disso, durante esse período, eu percebi que houve uma grande queda no número de internações psiquiátricas, pois os pacientes tinham um lugar para eles onde havia convívio durante o dia, com conversa e chimarrão.* (Márcia Dequeche)

Foi por meio do trabalho, do sentir-se útil, que a Casa Azul auxiliou na emancipação dos "pacientes" de saúde mental de Mafra. Mas não apenas pelo trabalho em si, também pelo "poder ser" em um lugar. A fala do ex-participante da Casa Azul Samuel de Oliveira Andersen evidencia esse sentimento de poder ser útil dentro da associação:

> *...porque cada dia cada um tinha uma tarefa para fazer, como terapia, que eles usavam... Em um dia, um tinha que pôr os copos na mesa; no mesmo dia, outro passava a margarina no pão e fazia o chá; no mesmo dia, outra pessoa tinha o cargo de lavar a louça. Tinha outra pessoa que tinha o cargo de varrer, a outra de passar um paninho, tinha outra que tinha o dever de arrumar a mesa de novo. E acho que esse desenho representa a casa azul, cada um tinha o seu trabalho, a cada dia cada um servia cada um, todo dia servindo, "hoje é dia do Samuel fazer o chá" e lá ia eu e fazia o chá para servir o pessoal da Casa Azul. Daí tinha o dia que eu tinha que lavar a louça, então eu vou lá antes de ir embora, uns minutos antes de ir embora e lavava a louça. E era assim com todo mundo, com todos os pacientes... A mocinha está servindo um prato de sopa... cada um se ajudando, cada um colaborando, um se ajudando um ao outro. União entre nós. Comunhão. Nós nos uníamos e um ajudava o outro em*

cuidar da Casa Azul, do nosso estabelecimento, entendeu? E nós nos uníamos para ajudar o outro no tratamento que ela fazia na Casa Azul, daí achei esse desenho que você falou que representasse a Casa Azul. Aqui ela tá servindo um prato de sopa (referência a figura 58).

Figura 58 – Desenho "A mulher servindo" de Samuel de Oliveira Andersen, ex-participante da Casa Azul. Fonte: Arquivo da pesquisadora

Assim como Samuel, a ex-participante Heloisa Stockscheneider fala que uma das coisas que faziam muito bem a ela era poder ensinar os outros participantes:

Eu aprendi muita coisa na Casa Azul, mas eu também ensinei muita coisa que eu sabia: bordado, tricô. Era muito bom. Me sentia útil. A casa Azul era a minha segunda Casa.

Várias foram as formas de tornar-se parte promovidas pela vida em comunidade, diminuindo o isolamento e o preconceito em relação às doenças mentais. Adriano Mazeika, ex-participante da Casa Azul, manifestou-se de forma escrita sobre a temática do preconceito (figura 59), mas também conta que foi por vezes na rádio para falar sobre a luta antimanicomial, assim como também comentou a ex-participante da Casa Azul Catarina Andersen. Vários espaços foram abertos por meio da criação da Casa Azul.

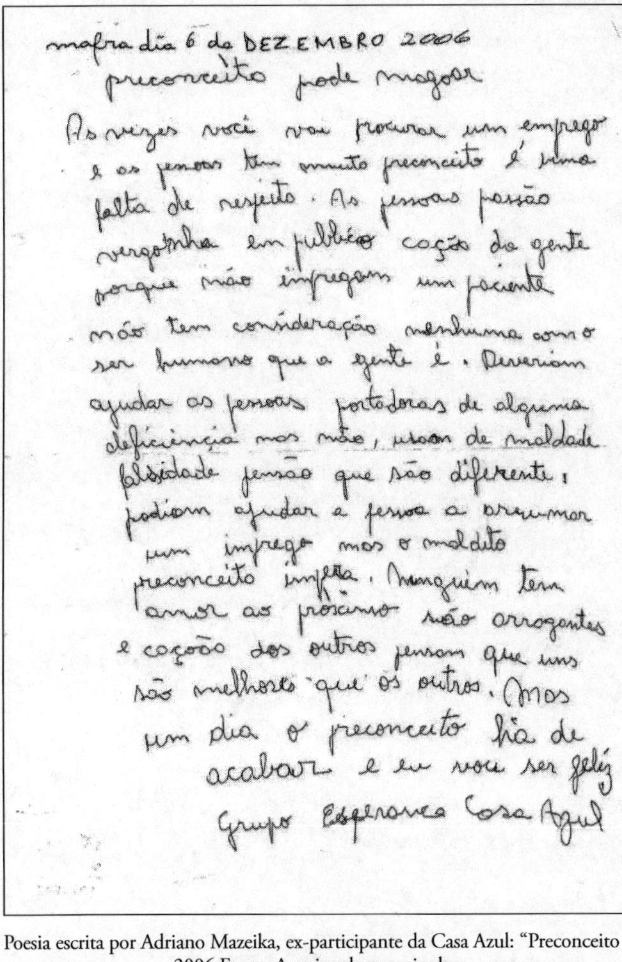

mafra dia 6 de DEZEMBRO 2006
preconceito pode magoar
As vezes você vai procurar um emprego
e as pessoas tem muito preconceito é uma
falta de respeito. As pessoas passão
vergonha em publico coção da gente
porque não impregam um paciente
não tem consideração nenhuma como o
ser humano que a gente é. Deveriam
ajudar as pessoas portadoras de alguma
deficiência mas não, usam de maldade
falsidade pensão que são diferente.
podiam ajudar a pessoa a arrumar
um imprego mas o maldito
preconceito impeta. Ninguém tem
amor ao próximo são arrogantes
e coçoão dos outros pensam que uns
são melhores que os outros. Mas
um dia o preconceito há de
acabar e eu vou ser feliz
Grupo Esperança Casa Azul

Figura 59 – Poesia escrita por Adriano Mazeika, ex-participante da Casa Azul: "Preconceito pode magoar", 2006.Fonte: Arquivo da pesquisadora

Adriano Mazeika fala no poema "Preconceito pode magoar" (figura 59) sobre a sua visão da sociedade que, em geral, não tem respeito pelos portadores de algum tipo de deficiência, que não dá oportunidades de trabalho. Adriano termina o poema dizendo que tem esperança de que um dia ele vai ser feliz. É essa esperança que foi perseguida pela Associação Casa Azul desde sua fundação em 1993.

Já Sônia Marx, também ex-participante da Casa Azul, conta um pouco sobre o seu processo de tratamento após a participação na Associação na figura 60.

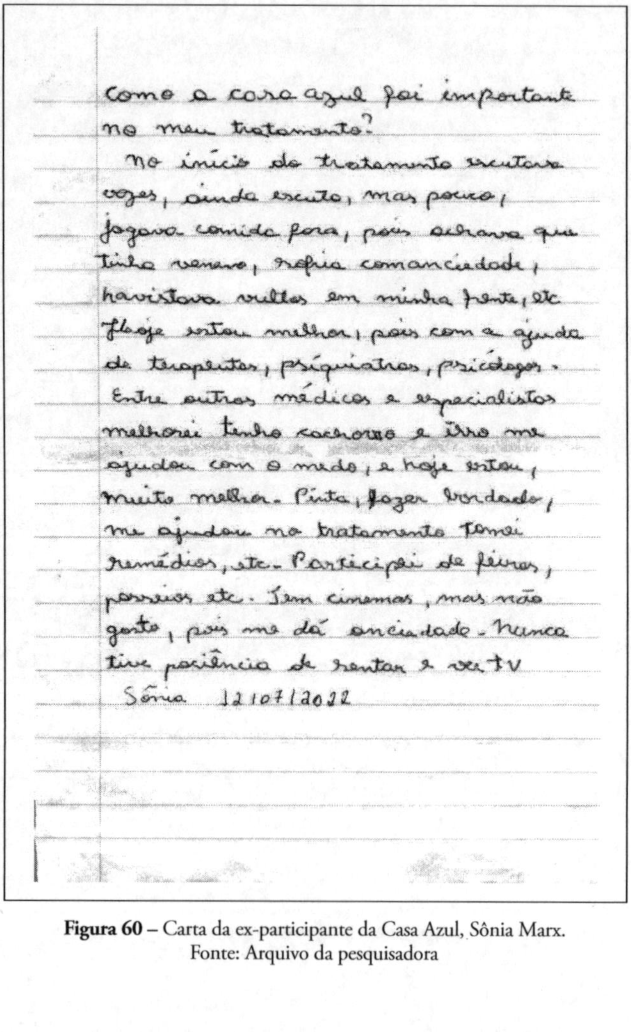

Como a casa azul foi importante
no meu tratamento?
No início do tratamento escutava
vozes, ainda escuto, mas pouco,
jogava comida fora, pois achava que
tinha veneno, sofria com ansiedade,
havistava vultos em minha frente, etc
Hoje estou melhor, pois com a ajuda
de terapeutas, psíquiatras, psicólogos.
Entre outros médicos e especialistas
melhorei tenho cachorro e isso me
ajudou com o medo, e hoje estou,
muito melhor. Pinta, fazer bordado,
me ajudou no tratamento Tomei
remédios, etc. Participei de feiras,
passeios etc. Tem cinemas, mas não
gosto, pois me dá ansiedade. Nunca
tive paciência de sentar e ver TV
Sônia 12/07/2022

Figura 60 – Carta da ex-participante da Casa Azul, Sônia Marx.
Fonte: Arquivo da pesquisadora

Sônia conta na carta que não conseguia ter uma vida normal, que jogava comida fora e não se cuidava e que depois da participação na Casa Azul as coisas foram ficando melhores.

A observância das individualidades também foi fator primordial no sucesso da Casa Azul. A Terapeuta Ocupacional Claudia contou que nem todos os "pacientes" conseguiam participar das oficinas desenvolvendo produtos, mas da mesma forma eram beneficiados. Foi fundamental um olhar acolhedor dos profissionais em relação às diferenças:

> *Alguns ficavam fazendo desenhos ou ficavam por lá conversando, fumando, tomando chimarrão, confraternizando entre eles. Os pacientes mais graves não conseguiam participar muito das atividades. Essas diferenças exigiam da gente um olhar mais subjetivo para cada paciente.* (Claudia Nunes, ex-terapeuta ocupacional da Casa Azul)

Até a oferta do lanche, que acontecia nos intervalos das oficinas, foi apontado como destaque, pois muitos dos pacientes eram carentes e beneficiavam-se do lanche como refeição.

Lobosque (2020) nos fala que é preciso respeitar, acolher, tornar viáveis as saídas encontradas. É necessário ajudá-los a chegar ao espaço social, sabendo que este espaço tem de ser permeável e modificável:

> Como se vê, interrogar a relação das pessoas loucas com o espaço social é também interrogar o pensamento que preside a organização desse espaço: apenas a partir daí as questões ditas de "reabilitação psicossocial adquirem sentido. (LOBOSQUE, 2020, p.188)

Muitas histórias foram transformadas e contadas por integrantes da Casa Azul, como fez um anônimo em 1996 para o jornal *Tribuna da Fronteira* em 1996 (Figura 61) e Jucélia Schultz para a *Gazeta de Rio Mafra* em 2005 (Figura 62).

TRIBUNA DA FRONTEIRA — Rio Negro-PR / Mafra-SC, 27 de abril de 1996

Espaço Informativo da Casa Azul

DEPOIMENTO

Hoje senti vontade de passar para o papel um pouco que eu passei nesses 44 anos. Com 16 anos me casei com um rapaz que tornou-se alcoólatra, com 20 anos já estava separada e era mãe de 2 filhos.

Daí em diante minha vida tornou-se uma luta, lutei de todos os lados para vencer. Queria ter muito dinheiro para comprar a sociedade que me desprezava e quase consegui. Com 25 anos insatisfeita com a vida comecei a beber demais, e também fazer uso de drogas. E assím eu fui indo, caindo e levantando, mas ainda tinha uma posição financeira boa e as coisas foram mudando.

Havia uma procura incansável de felicidade que nunca encontrei, fui me tornando cada vez mais amargurada, procurando na bebida e nas drogas um pouco da satisfação, até que perdi a memória.

Com 27 anos veio a primeira internação psiquiátrica, comecei a perambular pelas ruas, e ver as pessoas com chifres e olhos vermelhos, não comia e não dormia, sentia uma aflição, fui internada em Ponta Grossa no Hospital Franco da Rocha.

Que lugar mais triste, no meio de tantos loucos, foi ali que me encontrei, sem saber quando ou quem iria me tirar daquele lugar, um dia tentei uma fuga pulando um muro muito alto, quase quebrei as pernas, me pegaram e levaram-me para um quarto frio e solitário, uma espécie de cela, me deitaram sobre uma cama e trouxeram uma camisa de força toda de couro muito grande e pesada com muitas fivelas; uma enfermeira disse para outra -"Tenho muita pena dela", me deram uma injeção e enfiaram aquele monte de couro e afivelaram nos braços e pernas e eu amanheci naquele jeito. Cada vez que eu ficava agressiva eles faziam a mesma coisa, sempre com muita **Durinha,** (giria usada pra não incomodar).

Alí fiquei não sei quantos meses, pois perdi a conta.

E tem sido assim a minha vida, entre uma internação e outra, vou levando, tentando conviver com a sociedade da melhor maneira possível, dependendo dos psicotrópicos.

"Mas tenho certeza que um dia eu irei vencer".

Você que é perfeito olhe com mais amor para o doente mental, pois ele sofre muito.

PRECE PODEROSA

Ó Criador do mundo, tu que disseste peça e receberás, embora esteja nas alturas em vossa divina glória. Inclinai seus ouvidos a esta humilde criatura para satisfazer-me o desejo. Ouve minha prece. Ó Pai amado, fazei que por vossa vontade, eu obtenha a graça que tanto almejo (pedido). Deus, supre agora todas as minhas necessidades, segundo as suas riquezas e glória e serei sempre grato por suas riquezas sempre a ti presentes, imutáveis e abundantes em minha vida e que isso seja feito pelo poder em nome do vosso adorado filho Jesus. (Rezai esta prece pela manhã, 7 vezes juntamente com o Salmo 23 e o Pai-Nosso, publique no 3º dia e veja o que acontecerá no 4º dia). D.K.H.

Figura 61 – Depoimento anônimo para o jornal *Tribuna da Fronteira*, 1996
Fonte: Arquivos da Casa Azul

Quarta-feira, 18 de maio de 2005

Depoimento integrante Casa Azul

Jucélia Schultz

Participo do Grupo Esperança Casa Azul desde o início em 1993, começamos nos reunindo no porão da Igreja Sagrada Família, pois havia dificuldade em encontrar um local para as reuniões. Com o tempo o Grupo foi crescendo e foi alugada uma casa na Restinga, onde além das reuniões, havia espaço para as oficinas; mudamos depois para o centro comunitário Vista Alegre, onde não era preciso pagar aluguel. Hoje estamos situados na rua José Boiteux nº1138, sede onde está em vias de implantação o Centro de Atenção Psicossocial de Mafra.

Além do atendimento com o medico psiquiátrico Dr. Cláudio Luiz da Cunha Gastal, contamos com as oficinas terapêuticas, coordenadas pela Terapeuta Ocupacional (T.O) Claudia Mara Nunes. Fazemos nossos trabalhos em grupos, uns bordando, outros fazem crochê, costuram e fazem tear, trabalhamos também na horta.

Temos ainda a estagiária de psicologia Márcia Helena da Luz, que vem desenvolvendo uma atividade com jornal para que possamos discutir e debater os últimos acontecimentos, assim ficamos sempre bem informados.

A Casa Azul é um grupo de apoio ao doente mental. Doença mental tem cura e controle, se tratada de maneira adequada, com apoio dos familiares e apoio do grupo, onde todos tem problemas e todos se ajudam mutuamente.

A Casa Azul dá nova motivação aos que perderam a esperança de uma vida tranqüila e feliz. Lutamos contra os internamentos e contra os aspectos negativos que a sociedade nos impõe, pois podemos conviver como qualquer pessoa, com todo mundo.

Devemos muito à Casa Azul e em especial ao seu fundador Dr. Cláudio Luiz da Cunha Gastal.

Neste dia 18 Maio, nós mais do que qualquer pessoa, comemoramos o Dia Nacional da Luta Antimanicomial.

Figura 62 – Depoimento de Jucélia Schultz, jornal *Gazeta de Riomafra*, 2005
Fonte: Arquivos da Casa Azul

Jucélia diz para o jornal:

> *A Casa Azul dá nova motivação aos que perderam a esperança de uma vida tranquila e feliz.*

Ou como a de Josenei Baptista, que além de ter achado sua esposa na Casa Azul, como já mencionado, teve sua história contada pelo Jornal A Notícia de Jaraguá do Sul após sua participação no I Seminário Macrorregional de Ações da Rede de Atenção Psicossocial, que aconteceu em Jaraguá do Sul em setembro de 2005 (figura 63).

Saúde debate psicossocial

PARTICIPANTES DE JARAGUÁ E REGIÃO NORTE DO ESTADO AVALIARAM A IMPORTÂNCIA DO

ÁUREA J. ARENDARTCHUK

O autônomo Josenei Baptista, 50 anos, começou a beber socialmente, mas do consumo esporádico passou a compulsivo, levando-o ao alcoolismo. Baptista foi ao "fundo do poço", sendo internado várias vezes, a última delas durante 84 dias quando estava em coma alcoólico. Graças a um psiquiatra que acompanhou o caso de Josenei, ele começou o tratamento contra o alcoolismo, doença que hoje, junto com a dependência de drogas ilícitas, causa dependência crônica em cerca de 10% dos usuários. Baptista contou sua história ontem, durante o 1º Seminário Macrorregional de Ações na Rede de Atenção Psicossocial, que encerra hoje no Hotel [illegible], em Jaraguá do Sul.

O encontro reúne representantes das regionais de Saúde de Jaraguá do Sul, Joinville, Mafra e Canoinhas, integrantes dos Centros de Atenção Psicossocial (Caps) e das Secretarias Municipais de Saúde. Segundo a representante da Coordenadoria Estadual de Saúde Mental da Secretaria de Saúde do Estado, Maria Cecília [illegible]ckrath, seminários macrorregionais serão realizados até o primeiro semestre do ano que vem, abrangendo todas as regiões do Estado.

O foco central das discussões está nos serviços oferecidos para a recuperação das pessoas com problemas psicossociais como as com problema de esquizofrenia, depressão e principalmente das que fazem parte do universo de 40% de dependentes de drogas e álcool.

Hoje existem no Estado 1.200 leitos para o tratamento de pessoas com problemas psicossociais. São apenas dois hospitais em São José, na região da grande Florianópolis e um em Criciúma, no Sul, destinados exclusivamente ao tratamento de dependentes de álcool de drogas, esquizofrêni- mobilizam profissionais para esse tratamento quando não há a necessidade de internamento em unidade específica.

Muito mais que o aumento de leitos e investimento no tratamento psicossocial, a proposta dos governos federal, estadual e municipal é de investir na prevenção e assistência aos municípios através dos Centros de Atenção Psicossocial (Caps), atualmente 36 em Santa Catarina.

O trabalho preventivo consiste no repasse de informações em escolas, nos centros comunitários e outros segmentos. Já os Caps contam com equipe de profissionais que dão assistência tantos aos dependentes de drogas e álcool e outros portadores de problemas psicossociais. Os grupos recebem recursos do Ministério da Saúde para custeio do aluguel da sala e a equipe de profissionais composta de psiquiatra, enfermeiros, assistente social e psicólogo.

De acordo com a coordenadora de Saúde Mental da Secretaria Estadual, Elisa Puel, a média de recursos repassados pelo SUS (Sistema Único de Saúde) mensalmente para os Caps fica em torno de R$ 17 mil, conforme o número de habitantes do município que define o tipo de Centro a ser instalado. "Precisamos de política de ações para reduzir o índice de pessoas com problemas psicossociais, em vez de optar pelas internações e tratamentos fora do domicílio", comenta.

Foi a participação no grupo de apoio Esperança Casa Azul, de Mafra, que fez o autônomo Josenei Baptista conseguir superar os problemas psicossociais ocasionados pelo alcoolismo. Há 13 anos ele se trata e foi através do grupo que conheceu a esposa, que também fazia tratamento para depressão, com quem casou há quatro anos e agora tem um filho de 1,5 ano. "A vontade de superar a dependência depende e muito da pessoa, da ajuda da família e de profissio-

JOSENEI Baptista conseguiu se recuperar do alcoolismo graças ao trabal

Figura 63 – Participação da casa Azul na 1ª Seminário Macrorregional de Ações na Rede de Atenção Psicossocial, Jaraguá do Sul-SC, 2006.
Fonte: Arquivo pessoal Cláudio Gastal

> *Imagine, um cara como eu participando de um evento tão importante com um monte de médico. Eu só contei o que estava acontecendo, o que a gente fazia na Casa Azul. Fomos super elogiados e no final o Dr. Cláudio disse que eu deveria ser o presidente da Casa Azul e depois realmente fui eleito.* (Josenei Baptista, ex-participante da Casa Azul)

Grifamos na fala de Josenei como ele refere-se a ele mesmo: "um cara como eu". É perceptível que ele mesmo poderia ter algum tipo de preconceito em relação ao que era ou ao que o diagnóstico psiquiátrico fez dele.

Sobre o preconceito e a forma como lidar com as diferenças, Heloisa Stockscheneider, ex-participante da Casa Azul, lembra com carinho dos 15 anos que esteve como presidente da associação:

> *Fui presidente da Casa Azul 15 anos. Algumas situações não são fáceis de lidar. Quando eu melhorei, decidi continuar participando e fui aprendendo que cada paciente tem seu jeito, cada doença tem sua forma de agir. Precisamos compreender isso para podermos ajudar alguém.* (Heloisa Stockscheneider, ex-participante da Casa Azul)

Lobosque (2020) retrata um pouco das peculiaridades que podem ser observadas em algumas pessoas que recebem diagnóstico de transtorno mental, como o arranjar-se de forma curiosa com os objetos. Ela diz ainda que parece que suas roupas são como invólucros engraçados. Cada um com sua individualidade.

Histórias que se cruzam e se confundem, tamanha semelhança entre as condições indignas a que os pacientes de saúde mental eram submetidos. E aos poucos com o trabalho que os profissionais da Casa Azul foram fazendo, os participantes se empoderaram:

> *A população discriminava bastante as pessoas com transtornos mentais, eu cheguei a um ponto que não aceitava mais ser chamada de louca.* (Catarina Andersen, ex-participante da Casa Azul)

A psicóloga Edhea disse - em uma entrevista que foi marcada por várias histórias de pacientes – que lembra de cada um deles, com sua forma particular de ser, e reconhece a dificuldade que esses pacientes enfrentam na sociedade:

> *Acredito ter trazido um pouco de alívio e conforto para os pacientes e suas famílias... Lembro de cada um deles até hoje, cada um com seu jeitinho particular. Uma das pacientes, que trabalhava com faxinas, chegou a trabalhar na minha casa logo que me casei. Acredito ser muito importante darmos oportunidades para esses pacientes que muitas vezes sofrem discriminação por terem algum transtorno mental.* (Edhea Lazzari, ex-psicóloga da Casa Azul)

Importante salientar, conforme se percebe por aquilo que os participantes da Casa Azul contam, que eles foram conduzidos neste ideal de associação por profissionais apaixonados pela causa da igualdade.

> *Os profissionais que estiveram conosco nos anos de Casa Azul sempre foram muito carinhosos, fomos aprendendo com eles, que eram muito apaixonados pelo o que faziam.* (Heloisa Stockscheneider, ex-participante da Casa Azul)

Uma manchete em um jornal não identificado registrou: "Grupo Esperança Casa Azul há 8 anos atende pessoas com algum comprometimento mental". Fala também sobre os profissionais que lá atuavam, dentre eles destaca o psiquiatra Cláudio Gastal, a Terapeuta Ocupacional Cláudia Mara Nunes, a psicóloga Edhea Lazari e a assistente social Rosa Gorski, que eram mantidos pela prefeitura de Mafra, que também auxiliava financeiramente com mil reais na época. Bem como a cidade de Rio Negro, que auxiliava com um salário mínimo. A Casa Azul atendia pacientes de Mafra e de Rio Negro. Na nota, afirma-se que a Casa Azul atendia 70 pacientes (figura 64).

Rio Negro-PR/Mafra-SC, 21 DE OUTUBRO DE 2000

Casa Azul continua com atividades atendendo 70 pacientes

O Grupo Esperança Casa Azul está a quase oito anos em Mafra atendendo pessoas que possuem algum comprometimento mental. O grupo é atendido por quatro técnicos, um psiquiatra (Cláudio Gastal), uma terapeuta ocupacional (Cláudia Mara Nunes), uma psicóloga (Édhea Penso Lazari) e uma assistente social (Rosa Gorski), que são mantidos pela Prefeitura de Mafra, que também auxilia, desde setembro último, com uma verba de R$1 mil, para os gastos da casa. A Prefeitura de Rio Negro também auxilia, doando um salário mínimo por mês.

Os atendidos pelo grupo participam de oficinas onde desenvolvem trabalhos compatíveis com suas capacidades. Muitos destes trabalhos, como panos de pratos e cabides, são utilizados para sorteios em bingos, rifas ou mesmo vendidos. Os pacientes fazem acompanhamento médico. De acordo com a terapeuta ocupacional Cláudia Nunes, estas atividades melhoram a vida dos pacientes, que recebem maior acompanhamento da doença e convivem com outras pessoas, já que muitas vezes eles vivem isolados em casa. "De acordo com estudos feitos em outros centros, este tipo de trabalho que nós desenvolvemos diminui bastante as internações", explica Cláudia.

Os próprios pacientes e seus familiares formaram uma diretoria que cuida de assuntos relacionados ao Grupo, como organização de bingos e festas em prol do mesmo. São aproximadamente 70 pacientes atendidos, mas nem todos participam das oficinas. Alguns apenas fazem parte do Grupo de Egressos, que recebem atendimento médico. Uma das dificuldades para estes pacientes são os remédios, que muitas vezes não têm na farmácia do SUS. "Já pensaram em fazer um fundo mas ficou só no papel", conta Cláudia. O Grupo atende pacientes encaminhados por médicos, ou mesmo aqueles que procuram sozinhos o grupo, sendo que todos precisam passar por uma avaliação para ver se eles se encaixam com os outros pacientes.

Figura 64 – Casa Azul continua com atividades atendendo 70 pacientes, 2000
Fonte: Arquivos Casa Azul

Os profissionais que fundaram a Casa Azul, junto com os usuários e familiares, utilizaram de seu melhor instrumental de trabalho: a escuta sensível e o acolhimento. Esses profissionais puderam fazer a diferença na vida dos usuários da Casa Azul, mas também tiveram o seu próprio fazer profissional transformado.

Márcia Dequeche destaca que o fazer diário na Casa Azul transcendia o aprendizado teórico que teve na faculdade:

> *Através do convívio com os pacientes, da forma em tentar subsidiar as suas necessidades pela observação diária, foi uma grande forma de adquirir aprendizado e que transcende o aprendizado teórico que tive na facul-*

dade, que também é importante. Foi uma oportunidade única. (Márcia Dequeche, ex-terapeuta ocupacional da Casa Azul)

Oportunidade para os pacientes, familiares, profissionais, mas também para a comunidade, que teve a honra de conhecer e compreender melhor as condições desses pacientes. As histórias da comunidade em relação ao que perceberam da Casa Azul poderiam fazer parte de outra pesquisa.

Tenho certeza que fizemos a diferença na vida de muitos que passaram pela Casa Azul. Um ambiente acolhedor, saudável, onde cada um podia se expressar sem julgamentos. (Edhea Lazzari, ex-psicóloga da Casa Azul)

Cláudio lembra da história de uma paciente de nome desconhecido, mas que passou ser chamada de Isabel (Bel):

Em um final de manhã, ligam para o ambulatório do serviço social da prefeitura de Mafra, perguntando se eu poderia atender a uma pessoa que foi encontrada na Rodoviária de Mafra e que, além de não falar nada, tinha um estranho sorriso sempre presente. Não sabiam o que fazer com ela. Na rodoviária, apenas conseguiam informar que ela desceu de um ônibus, mas não sabiam de que origem, e que sentara-se em um banco e ali ficara desde as primeiras horas da manhã. Não conseguiam dela obter nenhuma informação sobre quem era e de onde vinha. Pedi que a trouxessem para que eu a visse. Alguns minutos depois, uma ansiosa assistente social me apresentou aquela moça, de bonitas feições, de porte grande, um tanto acima do peso, vestida com roupas simples e limpas, corada e com o rosto arredondado. E neste rosto sobressaiam seus olhos e sua boca, que sorriam de maneira silenciosa e enigmática, qual uma Monalisa. Embora nada falasse, seus olhos eram curiosos e pareciam querer a tudo apreender. Não demonstravam medo ou desconfiança, mas antes uma irrequieta curiosidade. Quem era ela, que era como alguém que tinha caído do céu. Um

> *anjo perdido tanto de si mesmo como de sua memória? Alguns anos depois, quando vi o filme K-PAX, com Kevin Spacey, o personagem deste filme, Prot, que foi achado na Terra, sem identidade, sem memória e sem história, apenas afirmando ser provindo planeta K-Pax, foi internado em um hospital psiquiátrico e acabou por convencer os demais internos a retornarem com ele para K-Pax.* (Cláudio Gasta, ex-psiquiatra da Casa Azul)

Claudio completa a história dizendo que àquela pessoa sem nome, sem identidade, apenas aquele ser de beatífico sorriso, foi dado por alguém o belo nome de Isabel. Um anjo, talvez, que por um acaso celeste veio cair aqui entre nós, vindo de algum lugar. Esta é usuária ainda hoje do Caps I Casa Azul, todavia, a cadente e serena estrela, que intrigava e encantava em seu silêncio cósmico, já fala algumas coisas e às vezes distribui abraços (figura 65).

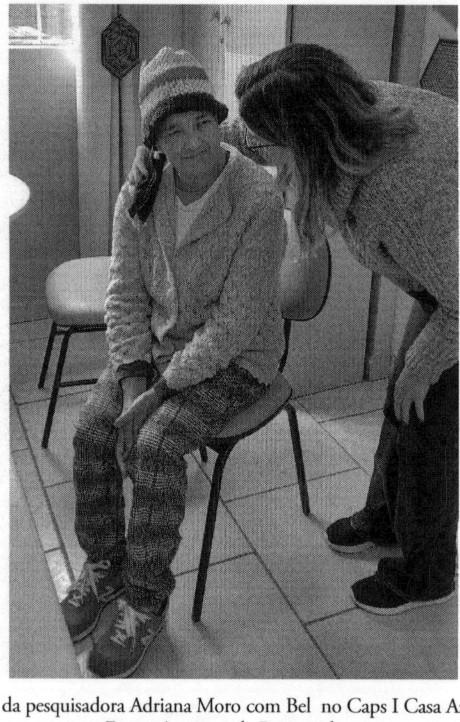

Figura 65 – Foto da pesquisadora Adriana Moro com Bel no Caps I Casa Azul, Abril de 2022.
Fonte: Arquivos da Pesquisadora

Assim como Bel, vários são os anônimos que tiveram suas vidas transformadas pela Casa Azul. Personagens de uma história real.

Para Basaglia (2010), a instituição de uma psiquiatria comunitária nasce quando deixamos de ser cúmplices do processo de "coisificação" do doente, mantendo-o em uma relação hierárquica-autoritária que seu papel lhe exige e colocando-o na distância do servo diante do senhor. Ele diz ainda:

> Mas, se quiser aproximar-se do doente tal como ele é, primeiro deverá buscar compreender o que ele se tornou, por causa daqueles parâmetros que lhe sancionaram a diversidade... Isso constituiria a co-consciência, o vínculo pré-reflexivo que nasce diretamente do fato de estar-junto. Uma instituição que se pretende terapêutica deve tornar-se uma comunidade baseada na interação pré-reflexiva de todos os seus membros (BASAGLIA, 2010, p.86-89).

Foi dessa forma que a Associação Casa Azul tirou do isolamento, do anonimato, dezenas de pessoas com transtornos mentais, com diagnóstico psiquiátrico na cidade de Mafra e também de Rio Negro. Constatou-se por meio dos relatos, assim como dos arquivos de mídia e atas, como foi intenso o processo de modificar uma realidade de manicomialização posta não somente pela figura do hospital em si, mas pelo uso de práticas excludentes da sociedade da época.

As internações diminuíram, mas esse não foi o principal resultado do processo de associar-se com os seus comuns para viver em comunidade e sim de transcender e ir adiante para outros espaços, garantindo direitos e expondo as suas habilidades.

Vidas foram mudadas, melhoradas, reinventadas, ressignificadas. Mudou-se a relação da cidade com a ideia da loucura, do transtorno mental, do isolamento, da não produtividade, da periculosidade.

5. ENTRE UMA ASSOCIAÇÃO E UM CAPS: TRANSIÇÕES, TRANSGRESSÕES E EMOÇÕES

A Casa Azul manteve-se atuante por pelo menos 20 anos, passando por quatro gestões, segundo a pesquisa nos documentos da associação: 1992-1996; 1997-2000; 2005-2008 e 2009-2012. Todavia, por motivos vários, iremos introduzi-los suscintamente neste capítulo, tentando não transgredir as fronteiras entre a pesquisa histórica e os vieses políticos, tendo por objetivo descrever a importância que a Associação teve no desenho do Caps da cidade de Mafra-SC e as dificuldades encontradas no caminho percorrido, além do que já foi destacado em relação às mudanças na vida de seus participantes.

Entre auges e declínios, a Casa Azul teve seus melhores momentos entre os anos de 1993 e 1997, quando era totalmente independente dos órgãos públicos, segundo nos relataram alguns entrevistados. Apesar de ter sido muito importante receber a oportunidade de ter um local próprio para o funcionamento – uma sede – vieram com ela também outras intervenções. Algumas bastante positivas, que eram reivindicadas pelos participantes, como o oferecimento e a manutenção de profissionais especializados que auxiliassem nas atividades e materiais para realização dos trabalhos manuais. No entanto, essa intervenção também trouxe algumas ingerências políticas. Houve episódios que envolviam verbas desgastando bastante parte da diretoria da Casa Azul, assim como os profissionais que lá atuavam. Em outros episódios, dados referentes à associação foram utilizados de maneira indevida em benefício de partidos políticos. Sobre alguns desses episódios, Cláudio desabafa:

> *Foi neste período que os objetivos desejantes e libertadores começaram a se ver amarrados por interesses mais rasos.* (Cláudio Gastal, ex-psiquiatra da Casa Azul)

Houve aí uma desmobilização do entusiasmo criador e uma crescente intervenção do poder público naquilo que até então era uma criação coletiva, provocando até mesmo conflitos internos.

Em matéria publicada pela *Folha de Riomafra* do dia 5 de setembro de 1997 (figura 66) podemos perceber um pouco do desenrolar deste período desafiante para a Associação Casa Azul. Seu fundador iria pedir licença sem remuneração de suas atividades na secretaria municipal de saúde e do corpo clínico do Hospital São Vicente de Paula.

5 de setembro de 1997 — Geral — *Folha de Riomafra* 7

Desabafo: "Quebrar galhos resolve tanto o problema da saúde mental, quanto dar esmolas resolve a questão da carência econômica e da injustiça social."

Saúde Pública de Riomafra perde valoroso profissional - **Nossa reportagem procurou o médico psiquiatra, Claudio Luis da Cunha Gastal, para sabermos os motivos que o levaram a se desligar do corpo clínico do Hospital de Mafra e da Prefeitura Municipal. De posse de uma carta já manuscrita, dr. Claudio nos repassou as seguintes informações:**

Mafra, 20 de agosto de 1997.

Por motivos pessoais e profissionais solicitei licença não remunerada por dois anos da Prefeitura de Mafra e licenciamento do Corpo Clínico do Hospital São Vicente de Paula.

Em conseqüência disto, não estou, à partir de 18/08/97 atendendo mais ambulatorialmente pelo SUS, nem internando pacientes no Hospital.

Minha decisão, além de fatores de ordem pessoal, deveu-se a entender que saúde mental não pode ser feita apenas por psiquiatra. Feita deste modo, a sobrecarga é demasiada, o stress muito intenso, a qualidade do atendimento baixa e, cada vez mais o psiquiatra torna-se um mero encaminhador de pacientes para internações, e seu trabalho cotidiano vai perdendo o poder de resolutividade. E é isto que vem acontecendo nos últimos tempos. Trabalhar deste modo não é meu feitio. "Quebrar galhos" resolve tanto o problema da saúde mental quanto dar esmolas resolve a questão da carência econômica e da injustiça social.

Saúde mental depende de iniciativa do poder público em investir nesta área, contratando profissionais que integrem uma equipe que trabalhe de modo multidisciplinar num amplo programa preventivo, com metas e planejamento específico em saúde mental; depende da capacitação de médicos clínicos para integrar o atendimento de saúde mental na atenção primária de saúde; depende do investimento em núcleos de atenção psicossocial; depende de uma integração das esferas municipal, estadual e federal.

Nestes nove anos que trabalhamos na área pública, tentamos assumir pessoalmente iniciativas que deveriam partir do poder público. Assumimos como funcionário público, muito mais do que as obrigações impunham.

Caso minha ausência como psiquiatra dentro do serviço público seja sentida, esta falta não será de minha pessoa, mas sim a falta de um programa público de saúde mental.

Certo de que nestes nove anos sempre tentei cumprir meu papel profissional com seriedade e respeito aos pacientes, optei por devolver ao poder público a responsabilidade nesta área, com a expectativa que a sensibilidade social dos governantes leve a investir e a estruturar um programa de saúde mental que a população merece.

As pessoas que efetivamente vinham em tratamento psiquiátrico no ambulatório podem pegar suas fichas atualizadas com a secretária do ambulatório, e procurar as secretarias de saúde de seus respectivos municípios, para que possam dar continuidade a seu atendimento.

Esperando a compreensão de meus motivos, tenho a consciência certa de ter tomado uma atitude correta, que pode redundar em uma melhora do atendimento público de saúde mental.

Cláudio Luis da Cunha Gastal

Diante do exposto, perguntamos aos órgãos responsáveis quais medidas estão sendo tomadas para considerar a média de 140 pacientes que são atendidos pelo SUS em Riomafra, além de uma demanda reprimida elevada, ou seja, pacientes que necessitariam iniciar um tratamento, mas que por falta de profissionais da área acabam sendo atendidos em estágio avançado da doença? O que se tem constatado é que a saúde mental no Brasil tem recebido pouca atenção dos poderes constituídos, principalmente porque os pacientes psiquiátricos, dado as suas condições, não tem poder de organização para reivindicar um atendimento adequado. Raras exceções podem ser atribuídas a Santos, São Paulo e Rio de Janeiro, onde algumas famílias e pacientes estão se organizando em grupos para buscar maior poder de organização social.

Figura 66 – Desabafo. jornal *Folha de Riomafra*, 5 de setembro de 1997.
Fonte: Arquivos da Casa Azul

Os motivos apontados por Cláudio para pedir o afastamento de suas atividades no município foram tanto de ordem pessoal – desgaste, estresse e sobrecarga de trabalho – como também uma forma de protesto pelo sucateamento do serviço de saúde mental, com consequências graves como a falta de profissionais capacitados para atuar de maneira interdisciplinar, apontando a falta de investimentos do poder público na área. Era também um protesto por não querer atender os usuários de saúde mental meramente em condição ambulatorial, como estava sendo obrigado, e pela falta de outros profissionais para continuar a executar o que acreditava.

As atividades da Associação Casa Azul continuaram, conforme foi verificado a partir das entrevistas. Rosa Simões Gorski, uma das profissionais do serviço social que atuaram na associação, relembra, na entrevista, a fase na qual o espaço do antigo Posto do CAIC foi cedido para o funcionamento da sede da Casa Azul:

> *Minha atuação na Casa Azul iniciou em 1998 (que eu lembro) quando o serviço foi, de certa forma, "municipalizado", ou seja, o espaço físico e corpo técnico seriam via prefeitura municipal. Eu era assistente social na secretaria municipal de saúde e fui designada para também atender na saúde mental...* (Rosa Simões Gorski, ex-assistente social da Casa Azul)

Cláudia Nunes ex-terapeuta ocupacional da Casa Azul comentou em entrevista que, durante o tempo em que trabalhou lá, a rotatividade de profissionais, bem como a falta deles, foi grande e isso era uma dificuldade enorme, pois na saúde mental a vinculação também fazia parte da terapêutica.

Essa situação de interferência política, rotatividade, falta de profissionais e falta de condições de trabalho em moldes comunitários (tentando evitar as internações psiquiátricas por meio do trabalho multiprofissional) perduraram até mais ou menos os anos 2000.

Cláudio Gastal destaca sobre essa época:

> *No período que Tadeu Geronasso foi secretário de saúde, conheci a assistente social Ariane Wohel, e, junto com ela encontramos espaço para colocar em prática ideias inovadoras novamente. Foi um período muito profícuo, onde conseguimos novamente trabalhar desejantemente.* (Cláudio Gastal, ex-psiquiatra da Casa Azul)

Foram tempos produtivos novamente para a Casa Azul. As reuniões passaram a ser frequentes, conforme consta no livro de Atas, e seus representantes participavam do Conselho Municipal de Saúde.

Cláudio conta que naquele período os profissionais da Casa Azul e seus participantes produziram vários textos, participaram de congressos e a iniciativa ganhou reconhecimento estadual.

A Casa Azul foi fundada em meio às fortes mudanças nos modelos de cuidado trazidas pela ascensão do Sistema Único de Saúde (SUS). Assim anos após anos foram sendo abertas novas possibilidade de atenção em saúde mental à medida que o SUS se expandia. Uma delas foi a desinstitucionalização por meio dos meios substitutivos, sendo a principal delas o Caps.

No ano de 2001, já com a ideia de transformação do espaço da Casa Azul em um Caps, a prefeitura decidiu assumir de forma mais ativa as atividades do então centro terapêutico, disponibilizando novos profissionais para atuar no espaço, passando a existir um duplo referencial do centro terapêutico (figura 67: Associação grupo Esperança Casa Azul e Prefeitura Municipal de Mafra).

Alguns profissionais, dentre eles a assistente social Rosa Simões Gurski, encarregaram-se de elaborar o projeto inicial para ser apresentado ao Ministério da Saúde, conforme relatou:

> *Naquela oportunidade, junto com o diretor administrativo da secretaria municipal de saúde e áreas pertinentes da prefeitura, iniciamos elaboração de projeto para implantação de um Caps. Ou seja, os pacientes da Casa Azul migrando para atendimento na rede pública de saúde, o município*

> *teria espaço específico para os novos serviços de atenção diária em saúde mental através do Caps/Casa Azul.* (Rosa Simões Gurski, ex-assistente social da Casa Azul)

Figura 67 – Foto da Casa Azul com a denominação de Centro Terapêutico
Fonte: Arquivos da Casa Azul

Mesmo a ideia de ter um Caps tendo surgido em 2001, somente em 2005 o projeto foi acolhido pelo Ministério da Saúde, quando os profissionais que atuavam na saúde mental de Mafra verificaram a possibilidade de requerer efetivamente para o município um Centro de Atenção Psicossocial (Caps).

No projeto consta o desejo de ampliação do espaço já existente que pertencia à associação Casa Azul. Dessa forma, os participantes da Casa Azul passaram a auxiliar na mobilização social para que os gestores locais e a comunidade soubessem da importância que o Caps teria para os pacientes e comunidade.

Catarina, ex-participante da Casa Azul, recorda:

> *Nessa época, eu já estava melhor e conseguia me comunicar bastante. Foi então que eu fui à rádio da cidade para falar sobre o Caps e sobre a importância que ele teria para nós.* (Catarina Andersen, ex-participante da Casa Azul)

Segundo o que foi constatado nos relatos dos ex-participantes da Casa Azul, um Caps regulamentado pelo Estado e que receberia financiamento Federal seria uma forma de conseguir mais recursos para a saúde mental do município, sendo fortemente aceito pelos profissionais envolvidos no processo na época. Era assim que os usuários da Casa Azul o percebiam.

Em outubro de 2005, usuários da Casa Azul e alguns técnicos que lá trabalhavam participaram do I Seminário Macrorregional de Ações na Rede de Atenção Psicossocial, ocorrido na cidade de Jaraguá do Sul, como foi noticiado no jornal *Tribuna da Fronteira* (figura 68):

TRIBUNA DA FRONTEIRA

Mafra contará em breve com um Centro de Atenção Psicossocial

Com a participação de representantes das regionais de Saúde de Jaraguá do Sul, Joinville, Canoinhas e Mafra, aconteceu o 1º Seminário Macrorregional de Ações na Rede de Atenção Psicossocial, em Jaraguá do Sul. Os participantes que se fizeram representar no encontro integram os Centros de Atenção Psicossocial (Caps) e as Secretarias de Saúde. Maria Cecília Herckrath, da Coordenadoria Estadual de Saúde Mental da Secretaria de Saúde do Estado informou que seminários macroregionais serão realizados até o primeiro semestre do próximo ano, abrangendo todas as regiões do Estado.

O tema central do evento esteve voltado à discussão dos serviços oferecidos para a recuperação das pessoas com problemas psicossociais, como as com esquizofrenia, depressão e principalmente as que fazem parte do universo de 40% de dependentes de drogas e álcool.

Em Santa Catarina existem atualmente 1.200 leitos para o tratamento de pessoas com problemas psicossocias distribuídos em hospitais de Florianópolis (2); e Criciúma (01). Os leitos de outros hospitais são utilizados de forma emergencial, mas que mobilizam profissionais para o devido tratamento, quando não há necessidade de intermédio.

Dr. Cláudio Gastal participou de mesa redonda no 1º Seminário Macrorregional de Ações na Rede de Atenção Psicossocial

Muito mais do que aumento de leitos e investimentos no tratamento psicossocial, a proposta do governo federal, estadual e municipal é de investir na prevenção e assistência aos municípios através dos Centros de Atenção Psicossocial, atualmente 36 em Santa Catarina. Os Caps contam com equipe de profissionais que dão assistência tanto aos dependentes de drogas e álcool e outros portadores de doenças psicossociais.

Segundo dr. Cláudio Gastal, médico psiquiátrico, em breve será formalizado um Centro de Atenção Psicossocial em Mafra, tendo como base a estrutura proporcionada pelo Grupo Casa Esperança Azul, localizada nas proximidades do Caic.

Dr. Cláudio Gastal participou de [...] da Mesa Redonda. Naquela oportunidade Josenei Baptista deu o seu depoimento, sendo muito aplaudido pelos presentes. Há 12 anos na Casa Azul, Josenei, 50 anos, autônomo, recuperou-se de alcoolismo. Disse ele ter iniciado a beber socialmente, mas do consumo esporádico passou ao compulsivo, levando-o ao alcoolismo. Baptista foi ao fundo do poço, sendo internado várias vezes e a última delas durante 84 dias quando estava em coma alcoólico. Sua historia comoveu a todos, em especial o dr. Décio Castro Alves, responsável pela implantação da reforma psiquiátrica em Santo André/São Paulo. Ele salientou a importância de organizações de usuários, familiares e técnicos, em especial saúde mental, como a base fundamental na estruturação do atendimento como [...]

Figura 68 – Matéria no jornal *Tribuna da Fronteira* "Mafra contará em breve com um Centro de Atenção Psicossocial", em 1 de outubro de 2005.
Fonte: Arquivos da Casa Azul

O tema central desse evento foi a discussão dos serviços oferecidos para a recuperação das pessoas com problemas psicossociais. Para além do aumento de leitos hospitalares, a proposta que estava sendo feita pelos governos federal e estadual era de investir na prevenção e assistência nos municípios por meio dos Centros de Atenção Psicossocial, que, em Santa Catarina, eram em número de 36 na época.

Segundo o psiquiatra Cláudio Gastal, o Caps de Mafra, que em breve seria formalizado, teria como base a estrutura proporcionada pelo grupo Esperança Casa Azul.

Na oportunidade, o Dr. Décio Castro Alves, responsável pela implantação da reforma psiquiátrica na cidade de Santo André (em São Paulo), salientou a importância de organizações de usuários e familiares como base de estruturação dos atendimentos. Ele e demais autoridades que participavam do evento elogiaram e incentivaram a forma de organização do grupo mafrense liderado pelo seu fundador, Cláudio Gastal.

Em 2005, Cláudio Gastal defende sua dissertação de mestrado, na qual a Casa Azul foi o grupo escolhido como objeto de pesquisa por ter se estruturado de baixo para cima, agregando interesse de usuários e familiares de serviços de saúde mental. Algo que, na época da sua fundação, era praticamente inexistente.

A *Gazeta de Riomafra*, em 5 de abril de 2006, noticia que a Casa Azul passou a ganhar reconhecimento da comunidade científica do Rio Grande do Sul após defesa da dissertação de mestrado de Cláudio Gastal (figuras 69 e 70).

Na dissertação de Cláudio, ele lança mão de uma linha conceitual bastante interessante em que explica o "fenômeno" que por ora esteve acontecendo na Associação Casa Azul por meio de um cenário de "antes e depois". Apontou que as pessoas com diagnóstico de transtornos mentais incorporavam à sua identidade as deficiências do sistema de saúde, aceitando como única saída a peregrinação de internações. Com isso viam-se desacreditadas pela sociedade e, muitas vezes, por suas famílias também, o que trazia muita baixa nas suas autoestimas. Não

1918 - Quarta-feira, 05 de abril de 2006

Casa Azul é tema de dissertação de Mestrado na Ulbra

O Grupo Esperança Casa Azul, iniciou suas atividades a partir da iniciativa de familiares, amigos e portadores de sofrimento psíquico. Teve sua primeira sede em 1993 passando por duas mudanças até a atual. O grupo é um dos responsáveis pela criação dos Caps em Mafra e Rio Negro.

Figura 69 – Notícia da *Gazeta de Riomafra* em 5 de abril de 2006: "Casa Azul é tema de dissertação de mestrado na Ulbra"
Fonte: Arquivos da Casa Azul

Gazeta de Riomafra — LOCAL

Grupo Esperança Casa Azul ganha econhecimento da comunidade científica do RS

Dr. Gastal, autor da dissertação, é psiquiatra há 21 anos

O Grupo Esperança Casa Azul, que se dedica à defesa dos interesses de portadores de sofrimento psíquico, foi o objeto da pesquisa para a dissertação de mestrado em Saúde Coletiva do Dr. Cláudio Luis Gastal. Ele é psiquiatra da Secretaria Municipal de Saúde de Mafra e professor do Curso de Psicologia da UnC, tendo cursado seu Mestrado na Ulbra (Universidade Luterana do Brasil). Seu trabalho versou sobce as relações entre a participação popular e as representações sociais relativas ao direito à saúde.

Segundo Gastal, o grupo foi escolhido como objeto de pesquisa por ter se estruturado de baixo para cima, ou seja, agregando o interesse de usuários e familiares de serviços de saúde mental, que na época de sua fundação eram quase inexistentes. Até a estruturação do "Grupo Esperança Casa Azul", os portadores de problemas mentais tinham internações psiquiátricas repetitivas por não dispor de facilidade nas consultas de pós-alta, o que acabava acarretando no abandono do tratamento.

Essas pessoas, de acordo com o psiquiatra, incorporavam à sua identidade as deficiências do sistema de saúde, aceitando como única saída a peregrinação de internações. Com isso, viam-se desacreditadas pela sociedade e, não raramente, até por suas famílias, o que culminava em uma baixa nas suas auto-estimas. "Eram renegados pela sociedade discriminados e vítimas de preconceitos. Considerados, ora como perigosos, ora como inúteis, não dispunham de um status de cidadania" relata o médico.

Dr. Cláudio Gastal conta que quando chegou a Mafra, há cerca de 18 anos, sentia-se muito pouco à vontade com o papel que a sociedade esperava de um psiquiatra, "segregar, internar, aqueles que eram considerados loucos, perigosos para a sociedade. Esse era um papel que eu considerava policial, muito distante de uma função verdadeiramente terapêutica" comenta. Contudo, na época, encontrando outros profissionais da saúde que possuíam o mesmo pensamento, houve a reunião de familiares e usuários, o que se transformou em um esforço coletivo para a mudança da situação. Uma vez agrupados passaram a perceber que poderiam coletivamente construir um serviço de saúde mental que atendesse a suas necessidades. Lutando para ter credibilidade junto à comunidade, gradativamente foram estruturando o "Centro Terapêutico Casa Azul", fundado em sua primeira sede no ano de 1993. Gastal lembra que com os resultados iniciais apresentados foi possível obter o apoio de pessoal è financeiro das prefeituras de Mafra e Rio Negro. Essa percepção de que a mobilização das pessoas conseguia influenciar o poder público foi um fator fundamental para que os integrantes do Grupo Esperança Casa Azul deixassem de se perceberem como excluídos e passassem a verem-se como cidadãos em um sentido pleno. "A percepção de cidadania teve um efeito terapêutico muito mais amplo do que as técnicas convencionais de tratamento" pontua o psiquiatra, que em sua defesa de dissertação descreveu tal processo e foi objeto de respeito e admiração pela banca avaliadora. formada por professores doutores da ULBRA e UFRGS.

Dr. Gastal afirma que o mérito de seu trabalho não se deve a ele, mas ao Grupo Esperança Casa Azul. "Aos seus usuários, pessoas sofridas e desprezadas, que aprenderam que cidadania e respeito não são coisas dadas, mas coisas que se constroem coletivamente. Meu único mérito foi acreditar nessas pessoas", finaliza.

Rafael Kondlatsch

Figura 70 – Notícia da *Gazeta de Riomafra* em 5 de abril de 2006: "Casa Azul é tema de dissertação de mestrado na Ulbra" – continuação.
Fonte: Arquivos da Casa Azul

dispunham, ainda, de um status de cidadania. Depois da Casa Azul, uma vez agrupados, os participantes passaram a perceber que poderiam coletivamente construir um serviço de saúde mental que atendesse às suas necessidades, lutando por credibilidade social junto à comunidade.

Concomitantemente aos efeitos do trabalho científico de Cláudio, contando a experiência terapêutica que a Casa Azul tinha sobre os sujeitos com diagnósticos de transtornos mentais, informações acerca da implantação do Caps de Mafra ganharam destaque pelos jornais da cidade. Elas explicavam as vantagens da criação de um Caps, como a extensão do horário de atendimento (que, na Casa Azul, era somente de meio período), o financiamento público, dentre outros, além de continuar abordando causas como a Luta Antimanicomial, como pode ser verificado na figura 71. Na foto, observamos participantes da Casa Azul apresentando seus trabalhos em feira pública no município.

Mafra-SC / Rio Negro-PR, 20 DE MAIO DE 2006

Promoção lembrou Dia Nacional da Luta Anti-manicomial

"Alegria é conviver com amigos. Temos dificuldades, mas nos ajudamos. Com amor e amizade somos mais fortes do que a tristeza, e superamos nossos problemas"

Jucélia, participante da Casa Azul

Na quinta-feira desta semana, dia 18 de maio - Dia Nacional da Luta Anti-manicomial, os pacientes do Grupo Esperança Casa Azul estiveram na Praça Lauro Müller, de Mafra, expondo e vendendo seus trabalhos e esclarecendo o papel da Casa.

A Casa Azul é um Centro Terapêutico, que tem o intuito de buscar a recuperação das doenças mentais através de uma ação coletiva organizada que busca o resgate da cidadania, justamente o que buscam os movimentos anti-manicomiais.

Na Casa Azul, os pacientes, além de disponibilizarem de consultas, reúnem-se e realizam trabalhos de artesanato, como o bordado e a pintura. Estes são os trabalhos que foram expostos neste dia 18.

A Casa Azul foi fundada em 1993, e situa-se, atualmente, no bairro Vila Ivete.

"A Casa Azul na minha vida representa tudo. "Tinha a Josene antes da Casa Azul e a Josene depois da Casa Azul. A Josene depois da Casa Azul é bem melhor". Foi o que disse Josene, que participa do Centro Terapêutico desde o início.

O Grupo Esperança Casa Azul sempre atuou junto ao setor de saúde mental da Secretaria Municipal de Saúde, e comemora especialmente esta data devido ao projeto do Centro de Atenção Psicosocial de Mafra ter sido aprovado pelo Ministério da Saúde, e ter conseguido uma verba inicial já liberada para a construção do mesmo.

Desde o início dos trabalhos da Casa Azul os usuários que dela participam praticamente não mais necessitaram de internações em hospitais psiquiátricos. Com a implantação do Centro de Atenção Psicossocial é esperado que tal benefício possa ser ampliado a um número bem maior de pessoas, o que acarretará não só melhora de qualidade de vida para elas, mas também uma economia de recursos para o Município, em termos de valores que tem de ser compensados para os Municípios que possuem hospitais psiquiátricos e gastos com combustível, diárias e desgaste de ambulâncias.

As características do trabalho conjunto do Grupo Esperança Casa Azul e o Departamento de Saúde Mental da Secretaria de Saúde de Mafra tem sido reconhecido como inovador e, até mesmo, como uma das referências no setor de saúde mental no Estado de Santa Catarina.

Figura 71 – "Promoção lembrou Dia Nacional da Luta Antimanicomial", jornal *Tribuna da Fronteira* em 20 de maio de 2006.
Fonte: Arquivos da Casa Azul

Sobre os empecilhos para a efetivação do Caps no município de Mafra a ex-assistente social da Casa Azul Rosa Simões Gurski contou em entrevista:

> *Teve idas e vindas do processo junto ao ministério de saúde, ou seja, teve muita morosidade para aprovação do projeto (mudei de trabalho/cidade e ainda não tinha se efetivado).*

No dia 8 de abril de 2006, o jornal *Gazeta de Riomafra* noticiava uma reunião que definiria como seria o trabalho do Caps de Mafra após a implantação. O encontro também serviu para a aprovação da planta da sede que seria edificada em anexo à Casa Azul, antigo posto de saúde da Vila Ivete. Na reunião, estavam presentes, além do secretário de saúde do município, Tadeu Geronasso, o psiquiatra Cláudio Gastal, a psicóloga Cintia Carpen, a terapeuta ocupacional Cláudia Nunes, a assistente social Ariane Woehl e a estagiária de psicologia Márcia da Luz (figura 72).

Reunião decide como será o trabalho do Caps de Mafra

A equipe responsável pela implementação do Caps (Centro de Atenção Psicossocial) de Mafra reuniu-se ontem para definir como será desenvolvido o trabalho no município. O encontro técnico serviu para [...] equipe formada pelo Secretário de Saúde, Tadeu Geronasso, o Psiquiatra Cláudio L. Gastal, a Psicóloga Cintia Carpen, a Terapeuta Ocupacional Claudia M. Nunes, a Assistente Social Ariane Woehl e a Estagiária de Psico- [...] mento no atendimento, mas o programa não deixará de existir", comentou.

O Caps de Mafra será o 31º em Santa Catarina e deverá diferenciar-se dos demais existentes justamente por possuir um grupo já estrutu- [...]

Figura 72 – Notícia "Reunião de trabalho decide como será o trabalho do Caps de Mafra". Jornal *Gazeta de Riomafra* em 8 de abril de 2006.
Fonte: Arquivos da Casa Azul

Mais de uma vez o diferencial do Caps de Mafra foi destaque na mídia por possuir um grupo de usuários já estruturado em atividade atuando diretamente no processo de implantação. Cláudio Gastal, na época, explicou à imprensa o processo de formação do Caps de Mafra e sua relação com a associação de usuários e familiares de saúde mental:

> Essa construção coletiva será o diferencial de Mafra em relação à região.

Na figura 73, pode ser verificada a planta da sede do Caps de Mafra, uma ampliação da estrutura da Casa Azul já existente.

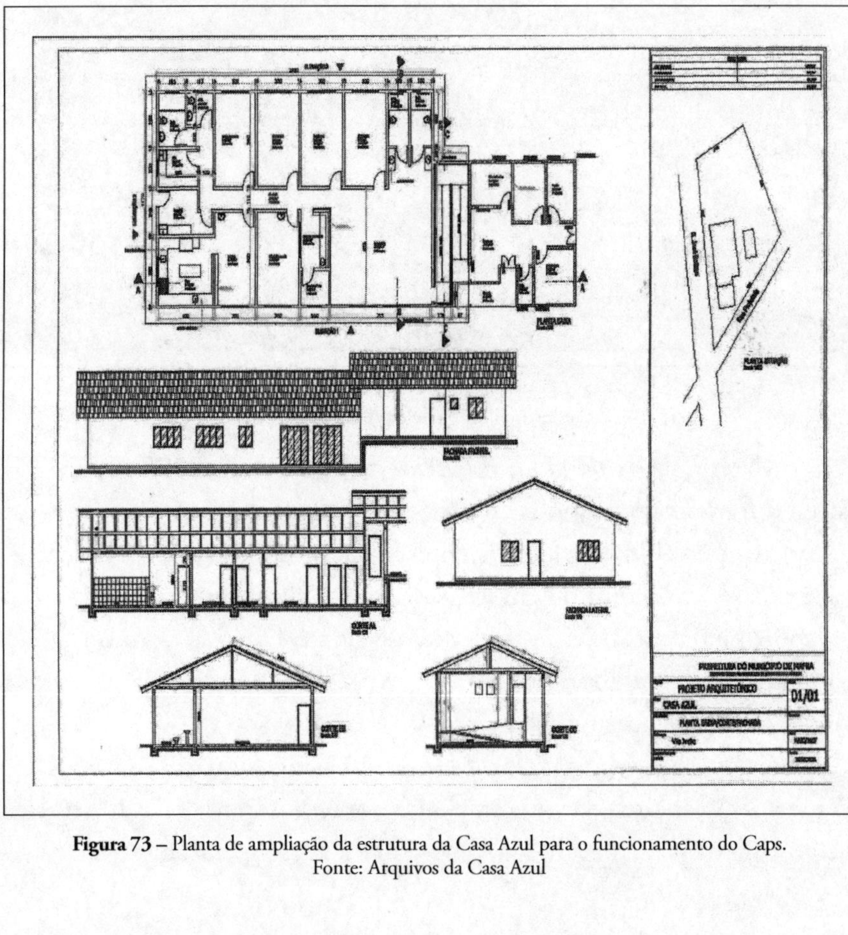

Figura 73 – Planta de ampliação da estrutura da Casa Azul para o funcionamento do Caps.
Fonte: Arquivos da Casa Azul

A formalização do Caps teria as adequações de acordo com a Portaria/GM n.336 de 19 de fevereiro de 2002. Segundo matéria da *Gazeta de Riomafra* em 21 de junho de 2006 (figura 74), o processo de licitação de aquisição dos materiais necessários para a obra já estava em andamento. Na ocasião, a secretária de saúde era a senhora Solange Lansky.

Gazeta do Riomafra — LOCAL — Quarta-feira, 21 de junho de 2006

Mafra implantará Centro de Atenção Psicossocial

O Município de Mafra já deu início ao processo de implantação de um Centro de Atenção Psicossocial – CAPS para atendimentos a pacientes com transtornos mentais. Deverá funcionar anexo ao Centro Terapêutico Casa Azul, na Vila Ivete. O projeto de ampliação do local já está pronto, devendo iniciar nos próximos dias o processo de licitação de aquisição dos materiais necessários para a obra. O principal objetivo da implantação do CAPS será proporcionar um instrumento terapêutico em saúde mental de fácil acesso à população, visando evitar internações e reinternações psiquiátricas, além de promover a integração psicossocial.

A importância do CAPS foi destacada pela Secretária de Saúde de Mafra, Solange Lansky, também pelo fato de que proporcionará ao município o recebimento de recursos para o atendimento à saúde mental. "Além de garantir o acesso ao atendimento aos pacientes, ainda estaremos habilitados a receber os recursos para serem investidos especificamente no tratamento de problemas relacionados à saúde mental, o que não ocorre atualmente", explicou.

Mafra possui aproximadamente 3 por cento de sua população, ou seja cerca de 1500 pessoas com transtornos mentais, como esquizofrenia, transtornos afetivos e outras, sendo que destes apenas 70 estão em atendimento no Centro Terapêutico Casa Azul. O CAPS terá a finalidade de constituir-se em um centro organizador, estruturador e fornecedor de serviços de saúde mental no município, com especial atenção para a população com transtornos psicóticos A integração com a comunidade será uma de objetivos, segundo a Secretária. "O CAPS terá como meta pautar suas ações dentro de uma visão ampla de saúde mental que busque a transdisciplinaridade e que promova a integração com a comunidade, promovendo o desenvolvimento de atividades terapêuticas por meio de grupos, evidenciando o sujeito e não a doença", salientou. Solange destacou que o que se pretende é mostrar a participação ativa dos usuários e familiares na construção de um espaço produtor de saúde e não apenas atenuante da doença.

Para o Prefeito Jango Herbst, a implantação do Centro de Atendimento Psicossocial é fundamental para que o município possa responder positivamente em todos os setores da saúde. "Toda e qualquer ação que promova a saúde será sempre apoiada. O que não podemos é deixar de atender a população, permitindo que permaneçam excluídas do convívio social", afirmou.

O CAPS Casa Azul funcionará na rua José Boiteux, nº 1134, na Vila Ivete.

Figura 74 – "Mafra implantará Centro de Atenção Psicossocial", *Gazeta de Riomafra*, 21 de junho de 2006. Fonte: Arquivos da Casa Azul

Matéria da *Tribuna da Fronteira* de outubro de 2008 (figura 75) conta um pouco de como foi o surgimento da Casa Azul e quais são os benefícios percebidos pelos pacientes. Uma usuária comenta na entrevista que se sentia muito bem na Casa Azul. Que às vezes chegava triste e depois saía alegre. Outra paciente, de nome Heloisa, afirmou que o companheirismo ajudou na sua recuperação e que assim ela procurava ajudar outras pessoas também.

Na mesma reportagem, a terapeuta ocupacional da Casa Azul, Franciane Michalsen, conta um pouco sobre a importância do seu trabalho para os pacientes de saúde mental e sua recuperação.

TRIBUNA DA FRONTEIRA — Mafra-SC / Rio Negro-PR, 18 DE OUTUBRO DE 2008

Casa Azul proporciona socialização à doentes mentais em Mafra

A inclusão social das pessoas que sofrem transtornos mentais é o objetivo do Centro de Atenção Psicossocial (Caps) Grupo Esperança Casa Azul. A Casa Azul foi fundada em 1993, por iniciativa do médico psiquiatra, dr. Cláudio Gastal. O trabalhou iniciou com 10 pacientes, em reuniões realizadas no salão da igreja Sagrada Família, mais tarde no salão da prefeitura. Diante do aumento pela procura, foi alugada uma casa no bairro Restinga, mas em 1994 a Casa Azul teve oficialmente sua sede no bairro Vila Ivete.

Segundo a terapeuta ocupacional, Franciane Michalsen, a maior importância do trabalho da Casa Azul é possibilitar a socialização, e resgatar as pessoas ditas incapazes e "loucas" pela sociedade, através das oficinas de culinária, bordado, crochê, pintura, almofada, e tapete.

O que J. B, de 51 anos mais gosta de desenvolver na Casa são os tapetes, mas ela também não perde a oportunidade de fazer bolacha. A paciente é uma das pioneiras do projeto. "Eu me sinto muito bem aqui, às vezes a gente vem triste de casa, mas chego aqui e me alegro", comenta. Já o jovem A. H. de 24 anos, que possui dificuldades para se relacionar, encontra na Casa Azul verdadeiros amigos.

Existem hoje 170 pacientes com doenças mentais que freqüentam o SUS da cidade, porém, participantes do Caps são cerca de 30 pacientes. Entre as patologias que predominam entre os pacientes estão o transtorno bipolar e a esquizofrenia.

As almofadas são destaques entre os produtos desenvolvidos pelos pacientes

Sede do Caps na Vila Ivete é pequena, mas está recebendo ampliações

A presidente da Casa Azul, Heloísa Stockshneider e a terapeuta ocupacional Franciane Michalsen

Heloísa Stockshneider, de 63 anos, presidente da Casa Azul, afirma que o trabalho realizado contribuiu expressivamente para o baixo índice de internamentos entre os doentes mentais. Heloísa, na presidência da Casa há oito anos, entrou como paciente, no início do projeto, diante de uma depressão. A amizade encontrada no local, além de contribuir efetivamente para sua melhora, a fez criar laços de dependência com a Casa Azul, assim ela continua participando até hoje. "O companheirismo ajudou na minha recuperação, e hoje eu procuro ajudar também", afirma ela.

A parte pertinente à presidência do Caps é composta por pacientes. No estatuto da Casa consta que o corpo técnico (médico psiquiatra, terapeuta ocupacional, psicóloga e assistente social) não pode compor a diretoria. Franciane vê essa decisão como um incentivo, pois é a oportunidade que eles possuem de saber como funciona a presidência de uma entidade. Os gastos com luz e a água são pagos pela prefeitura, apenas o telefone é pago pela casa com a ajuda de uma conta de multas pecuniárias emitidas pelo Fórum.

A Casa Azul funciona de segunda à sexta feira, das 13 às 17 horas, porém teria que funcionar durante todo o dia. Franciane explica que devido ao pouco espaço da sede os pacientes não podem permanecer o dia inteiro na Casa, além de impedir a acolhida de mais pessoas. Entretanto, vem acontecendo uma ampliação nas instalações da sede, e a partir do momento que estiver pronta, a rotatividade de pacientes será maior.

O espaço se torna também um empecilho para o desenvolvimento completo da Terapia Ocupacional: "A terapia ocupacional é uma ciência que visa o ser humano no bio-psico-social. A gente desenvolve a terapia aqui, mas devido ao espaço, não como ele deveria ser desenvolvido, porque nós devemos trabalhar também as atividades da vida diária, onde entra a parte da higiene e vestuário do paciente. A gente tem que trabalhar com o ser humano como um todo, pois buscamos a inserção deles na sociedade. Desta forma nós trabalhamos orientando com atividades que possam trazer algum prazer para eles", explica a terapeuta.

Os trabalhos desenvolvidos pelos pacientes da Casa Azul vem sendo expostos na cidade, como aconteceu no último 10/10 (Dia mundial da saúde mental), no roll de entrada do SUS de Mafra. Os trabalhos desenvolvidos através das oficinas vem mostrar à estes pacientes que eles são capazes, levando autonomia a quem sempre foi excluído da sociedade.

Doenças mentais estão entre as que mais afastam brasileiros do trabalho - a depressão lidera as 10 principais causas de incapacitação, outras quatro semelhantes estão no topo da lista. As doenças mentais são responsáveis por cinco, das dez principais causas de afastamento do trabalho no País. Os números aparecem num levantamento feito sobre a infra-estrutura dos serviços de saúde mental no Brasil feito pela Universidade Federal de São Paulo, cm parceria com o Ministério da Saúde e a Organização Mundial da Saúde.

Figura 75 – Notícia "Casa Azul proporciona socialização à doentes mentais em Mafra".
Fonte: Arquivos da Casa Azul

Segundo consta nos documentos acessados, o Caps I de Mafra conseguiu ser cadastrado no Ministério da Saúde em dezembro de 2006, quando foi apresentado o projeto terapêutico da unidade, tendo na época permanecido a pendência da ampliação da estrutura física.

> *Após aprovação do Ministério da Saúde, por volta do ano de 2007, o Caps foi contemplado com uma verba para a ampliação do mesmo, mas a mesma foi colocada como empenho e não utilizada. Denunciamos isto na Câmara de vereadores e no Ministério Público com ajuda dos participantes da Casa Azul e a partir daí foi feito um termo de ajuste de conduta que resultou na construção do prédio do Caps.* (Cláudio Gastal, ex-psiquiatra da Casa Azul)

Nas atas das reuniões da Associação Casa Azul seguintes, por diversas vezes foram citadas a procura por autoridades para auxiliar no problema da não execução da obra de ampliação para a melhoria de seu funcionamento e também foram feitas referências a respeito do afastamento de alguns participantes.

É importante salientar a organização dos participantes da Casa Azul para falar com o promotor sobre o problema da falta de verbas para iniciar a obra do Caps (fato registrado na Ata do dia 15 de março de 2007), bem como o relato da participação da assistente social Ariane Wohehl em reunião com a secretária de saúde, na qual a secretária sugeriu que fossem revistos os custos da obra, como consta na Ata de 10 de maio de 2007. Na mesma Ata, chama a atenção o relato de um dos participantes que diz ter de mudar a imagem que o grupo está passando para a comunidade: eles devem falar os assuntos necessários, mas sem ofender as autoridades.

Na Ata do dia 25 de outubro de 2007, registra-se que foi abordada novamente a necessidade da construção para aumentar o espaço da Casa Azul a fim de se prestar um atendimento razoável a quem procurasse o lugar.

Não fica evidente se houve alguma mudança na forma de atendimento da Associação após o cadastramento como Caps, nem mesmo se a equipe foi ampliada.

Depois da implantação do Caps I em Mafra, como ficou designado, a Casa Azul passou por vários processos de esvaziamento, transições de profissionais, ausência de apoio, assim como houve promessa não cumprida de que seria ampliada a antiga sede da Casa Azul para funcionamento do Caps, havendo então denúncia realizada pelos próprios usuários. Estes foram apoiados pela promotoria da época e assim conseguiram reverter a situação e fazer a ampliação.

Em 2008, após intervenção judicial por um termo de ajuste de conduta, uma nova equipe foi chamada para trabalhar no Caps I Casa Azul de Mafra. Assumiram, por concurso público, uma terapeuta ocupacional, um enfermeiro, um técnico administrativo e psicólogos.

No jornal *Gazeta de Riomafra* de 22 de julho de 2009 pode ser lida a matéria intitulada como "Secretaria de saúde assina termo de ajustamento de conduta com ministério público" (figura 76).

Segundo o que foi noticiado pela *Gazeta*, o executivo comprometeu-se a terminar as obras da construção do Caps no prazo de seis meses, havendo o prazo de um mês para a contratação da equipe mínima e para organizar a rede de cuidados em saúde mental no âmbito do seu território.

Os anos de 2008 e 2009, foram de profundas mudanças para os participantes da Casa Azul. Com a saída do psiquiatra Cláudio Gastal de licença para o doutorado, os participantes passaram a ser assistidos pelo psiquiatra do ambulatório, José Lúcio da Silveira. Todavia agora precisavam ir até o ambulatório para se realizasse a consulta, o novo psiquiatra já não faria atendimentos em grupos como anteriormente estavam acostumados. Percebe-se, por meio das Atas, um esvaziamento das reuniões da Casa Azul, mesmo que os participantes ainda fossem muito motivados pela equipe que os assistia.

Gazeta de Riomafra ■ Capa > Mafra ■ Quarta-feira, 22 de julho de 2009

Secretaria de Saúde assina Termo de Ajustamento de Conduta com o Ministério Público

O executivo compromete-se a terminar as obras de construção do CAPS no prazo de seis meses, atendendo às características arquitetônicas mínimas descritas no termo, com área total de 197,0 m². O município de Mafra deve também no prazo de um mês realizar a contratação, em caráter emergencial, de equipe técnica mínima para o atendimento de 20 pacientes por turno, tendo como limite máximo 30 pacientes por dia, em regime de atendimento intensivo

Fotos: Miguel Luiz (Free Lancer)

O Ministério Público de Santa Catarina, no ato representado pelos promotores, Fernando da Silva Comin e Bárbara Elisa Heise, propôs um termo de compromisso com a Prefeitura Municipal de Mafra, por sua vez com a Secretaria Municipal de Saúde com intermédio do Gestor Municipal de Saúde Wellington Bielecki, para que o executivo se comprometa a concluir as obras de construção do CAPS Casa Azul, no prazo de seis meses, a contar da data da assinatura do referido termo.

Dentre as considerações presentes no termo consta o relevante fato de que a saúde é direito de todos e dever do Estado, garantindo mediante políticas sociais e econômicas que visem à redução de risco de doença e de outros agravos e ao acesso universal e igualitário às ações e serviços para sua promoção, proteção e recuperação, consoante dispõe o art. 196, da Constituição Federal.

Considerando o que prescreve a Lei Federal nº 10.216/2001, sobre a proteção e os direitos das pessoas portadoras de transtornos mentais e redireciona o modelo assistencial em saúde mental no sentido de que se inclua dentre os direitos das pessoas, o acesso ao melhor tratamento do sistema de saúde.

O CAPS é um serviço de saúde aberto e comunitário do SUS, constituindo-se em um lugar de referência e tratamento para pessoas que sofrem com transtornos mentais cuja severidade e/ou persistência necessitem de cuidado intensivo, comunitário e personalizado. O objetivo básico de um CAPS é o atendimento à

esporte, cultura, exercício dos direitos civis e fortalecimento dos laços familiares e comunitários.

Conforme levantamento realizado no ano de 2008 pelo Estado de Santa Catarina, por intermédio da Diretoria de Planejamento, Controle e Avaliação e da Gerência de Coordenação de Atenção Básica, aponta que o CAPS não funciona com as características mínimas exigidas pela portaria n. 336/GM, de 19.02.2002, apresentando irregularidades com relação à área física e recursos humanos, bem como com relação à não-reversão a esta unidade de saúde dos recursos financeiros gerados pelas APACS (Autorizações para Procedimento de Alta Complexidade), em manifesto prejuízo às pessoas portadoras de transtornos mentais. Isso considerando a necessidade de serem adotadas medidas urgentes e eficazes tendentes a propiciar o adequado tratamento a estas pessoas no Município de Mafra.

Segundo citado, o executivo compromete-se a terminar as obras de construção do CAPS no prazo de seis meses, atendendo às características arquitetônicas mínimas descritas no termo, com área total de 197,0 m², incluindo sala de recepção de pacientes, sala de registro/arquivo, administrativa, de reunião, de atendimento individual, de trabalho em grupo, de estar, de observação, para lavagem de roupas, sanitários para pacientes, oficinas de trabalhos, posto de enfermagem, DML (com tanque), copa, refeitório e banheiros para funcionários. Para essa construção o município poderá utilizar a quantia de R$ 101.987,37, referente a

mínima para o atendimento de 20 pacientes por turno, tendo como limite máximo 30 pacientes por dia, em regime de atendimento intensivo. Essa equipe deve ter a seguinte composição: 1 médico com formação em saúde mental; 1 enfermeiro; 1 terapeuta ocupacional; 2 psicólogos; 1 assistente social; 2 técnicos e/ou auxiliar de enfermagem; 1 técnico administrativo; 1 técnico educacional e 1 artesão.

Outro item constante no termo cita que o município compromete-se, sob coordenação do gestor local a organizar a demanda e a rede de cuidados em saúde mental no âmbito do seu território, bem como, dentre outros itens, supervisionar e capacitar as equipes de atenção básica, serviços e programas de saúde mental no âmbito do seu território e/ou módulo assistencial; funcionar no período das 8h às 18h, em dois turnos, durante os cinco dias úteis da semana.

O município deverá, no prazo de dois meses, a empregar o valor de R$ 101.987,37 em material de consumo, equipamentos, mobiliário, alimentação, transporte dos usuários, pequenas reformas, aquisição de veículo, participação da equipe em eventos (cursos, seminários), respeitando a autonomia dos usuários e a decisão da equipe técnica com relação à aplicação dos referidos recursos.

Importa destacar que o descumprimento de qualquer das cláusulas presentes do termo implicará em notificação de advertência, com prazo de 48 horas para regularização, sob pena de imediata propositura das medidas judiciais cabíveis para sua execução, e/ou anulação dos

pagamento do chefe do poder executivo municipal.

■ CAPS CASA AZUL

O CAPS denominado "Casa Azul" foi cadastrado pelo Ministério da Saúde no dia 07 de dezembro de 2006, quando foi apresentando o projeto terapêutico e toda a documentação necessária, tendo na época permanecido como pendência a ampliação da área física, de acordo com projeto arquitetônico. Da ocasião até os dias atuais a coordenação estadual de saúde mental realizou duas supervisões e constatou que as pendências quanto à estrutura física dificultam o atendimento em local único. Outras irregularidades foram com relação à equipe técnica que se apresentava incompleta, a falta de materiais (para oficinas, alimentação, etc).

Diante dessas irregularidades constatadas a coordenação de saúde mental pode solicitar o parecer da Comissão Intergestores Bipartide - CIB e encaminhar ao Ministério da Saúde a solicitação de descredenciamento do CAPS.

Conforme consta em ofício, com informações repassadas pela Auditora Interna da Secretaria Municipal de Saúde de Mafra, Maria Beatriz R. dos Santos, a produção das APACS referente aos atendimentos do CAPS nos últimos anos somou a quantia de R$ 199.785,00, não sendo os recursos utilizados em benefício do serviço.

Vale salientar que a Casa Azul só está credenciada até hoje pelo comprometimento da equipe de saúde, entre essas pessoas não podemos deixar de citar o Dr. Cláudio Gastal que sempre esteve à

Figura 76 – Termo de ajuste de conduta em junho de 2009
Fonte: Arquivos do Caps I Casa Azul

A Casa Azul realizou várias conquistas, isso era e é motivo de orgulho para seus participantes, sendo importante que as conquistas sejam reconhecidas. Um exemplo foi a marcenaria, que esteve presente em todas as casas utilizadas como sedes. Na Ata do dia 23 de julho de 2009, apresentou-se a relação de patrimônio da marcenaria da associação Casa Azul conforme pode ser visto na figura 77.

LISTA DE PATRIMÔNIO MARCENARIA – CAPS CASA AZU

MÁQUINAS, MÓVEIS E FERRAMENTAS.

QUANTIDADE	MATERIAL
01	Serra fita
01	Plaina
01	Lixadeira
02	Circular
01	Furadeira
01	Suporte para furadeira
01	Tico-tico
05	Brocas
01	Pyrógrafo
01	Carrinho de mão
01	Escada
01	Alicate
01	Sipilho
01	Lima
01	Fenda grande
01	Grosa
01	Rolo
02	Disco circular (serra)
01	Furador de mão
01	Grampeadeira
03	Brocas para pua
01	Arco de pua
02	Brocas furadeira
01	Jogo chave estrela
01	mimeógrafo
01	zenzo
02	Serra para tico-tico

01	Baú
01	Poltrona de 2 lugares
01	mangueira
01	Máquina de cortar grama
02	rastelos
03	cortadeira
02	pás
04	Enxadas de mão
02	Enxadas grandes
01	Pia com coluna
03	regador
02	Colher de jardim
01	Martelo grande
02	Martelo pequeno
04	Formão
01	Serrinha de cortar ferro
02	Prendedor de madeira
02	serrotes
02	Esquadros
02	Trena
01	Morsa
02	Latas de tinta 900ml
01	Lata de massa corrida 900ml
04	Sacos de adubo

Lista feita no dia 01/07/2009 pelo usuário Sérgio Karuleski.

Figura 77 – Relação de patrimônio da marcenaria da Associação Casa Azul, Ata do dia 23 de julho de 2009. Fonte: Arquivos da Casa Azul

Na ata do dia 22 de outubro de 2009, foram apresentados aos participantes da Casa Azul os novos profissionais que atuariam no Caps: dois psicólogos e um enfermeiro. A terapeuta ocupacional já havia sido chamada. Naquela reunião, os novos integrantes da equipe do Caps prontificaram-se a fazer novas oficinas que a princípio foram bem aceitas pelos participantes da Casa Azul, como a de música, e foi organizado um time de futebol.

Matéria do jornal sem identificação na coluna "a Leitura" de 16 de novembro de 2009 noticia a Casa Azul finalmente em obras (figura 78).

Na ata do dia 21 de janeiro de 2010, começam a aparecer as primeiras intervenções da equipe do Caps, como a designação de cronogramas e horários para as atividades. Somente mais duas atas foram encontradas nos arquivos da Casa Azul, sendo uma do dia 30 de março de 2010 e a última quando o assunto já é a retomada da associação no dia 23 de novembro de 2015.

Casa Azul em obras

Construção da ampliação fica pronta em 2010

Mafra – Para atender os cerca de 150 usuários do Caps Casa Azul (Centro de Atenção Psicosocial), a prefeitura de Mafra está ampliando sua sede, construindo mais 254,38m², utilizando recursos do próprio Caps e da prefeitura, no valor total de R$ 145 mil. Ela vai comportar refeitório, cozinha, banheiro, sala de psicoterapia, atendimento clínico, serviço social e educação, sala para trabalhos de terapia ocupacional, sala de enfermagem, recepção, administração e demais ambientes de oficinas.

Com a ampliação somam 366,15m² de área total. Segundo a secretária de Saúde, Maria Beatrice Reynaud dos Santos, a previsão de entrega da obra é para o início de 2010. "Estamos construindo esta nova sede, pois a atual não está comportando mais o volume de atendimentos. Nossos usuários e profissionais terão mais espaço para trabalhar e desenvolver suas atividades", diz a secretária.

Casa Azul

O Caps Casa Azul é um serviço do Sistema Único de Saúde aberto e comunitário. É um lugar de referência e tratamento para pessoas que sofrem com transtornos mentais, psicoses, neuroses graves e demais quadros cuja severidade e ou persistência justifiquem sua permanência num dispositivo de cuidado intensivo, comunitário, personalizado e promotor de vida. É um serviço de atendimento da saúde mental criado para ser substitutivo às internações em hospitais psiquiátricos. A Casa Azul fornecerá aos seus participantes, a partir de 2010, lanche diário, cesta básica e vale transporte mensal. Conta atualmente com seis profissionais entre eles psiquiatra, psicólogos, assistente social, educador, enfermeiro, além do apoio administrativo e dos estagiários de psicologia. A Casa Azul fica na Rua José Boiteux, 1138, Vila Ivete e atende de segunda à sexta-feira, das 8 às 17 horas. Informações pelo telefone: 3642-5298.

Figura 78 – Casa Azul em Obras, matéria do dia 16 de novembro de 2009, Jornal sem identificação. Fonte: Arquivos da Casa Azul

Francielli Mônica Prestes Machado, terapeuta ocupacional – uma das profissionais que assumiram a vaga no Caps pelo concurso de 2008 após o termo de ajustamento de conduta – conta que no início houve dificuldade em trabalhar com o que tinham aprendido, ressaltando que a proposta do Caps diferia um pouco da Associação:

> *A proposta da associação que era mais maternal e um local onde eles passavam o tempo. Nós viemos de uma formação onde discutíamos sobre reabilitação, reinserção social e não sobre encubar os pacientes no serviço. Pelo contrário, dar suporte para que eles conseguissem se empoderar e se inserir na sociedade.* (Francielli Mônica Prestes Machado, ex-terapeuta ocupacional do Caps I Casa Azul)

Para a terapeuta ocupacional Francielli, a principal dificuldade estava na adaptação dos pacientes que já participavam da associação, já os pacientes novos se adaptavam bem à nova rotina. Ela conta que os usuários achavam que a função do terapeuta ocupacional estava somente em organizar oficinas de artesanato.

> *É verídico que a história da terapia ocupacional tinha uma relação somente com as atividades de artesanato, porém já em 2009 as competências da profissão estavam sendo discutidas para que não ficassem somente restritas a essas práticas manuais, mas sim fazendo relação com um trabalho em saúde mental que envolva o meio social dos usuários.* (Francielli Mônica Prestes Machado)

Francielli destaca que aconteceram várias situações de atrito entre usuários, gestores da prefeitura e profissionais de outras unidades da secretaria municipal de saúde.

Portanto, todas essas dificuldades relatadas expressam e reforçam a existência do conflito que se tornou constante entre a Casa Azul como associação e a Casa Azul como Caps. Havia uma contradição, um paradoxo entre os princípios da política do SUS e o processo de desinstitucionalização, participação popular e reforma psiquiátrica, pois a existência de conflitos pode existir, mas eles não podem ser sufocados por um lado do sistema com uma visão mais administrativa e burocrática como foi observada na história da Associação Casa Azul quando "transformado" em Caps. A Associação não resistiu.

São evidentes as vantagens dessa rede substitutiva aos manicômios, os Caps. Todavia, como escreveu Desviat (2018, p.15), muitos desses lugares podem promover uma prática engessada, estando ainda centrados na padronização e na disciplina, ou estão mais ou menos disfarçados e a ausência de espaços e recursos na comunidade, como os poderosos movimentos de familiares e usuários, fazem com que persistam enormes lacunas em todos os países, o que é uma falha preocupante quando se aborda o desenvolvimento dos serviços de saúde mental: "um lugar e um saber que sejam comuns na comunidade de todos, onde as diferenças sejam respeitadas".

Conforme conta Paulo Amarante durante a supervisão desse livro, ao idealizar o Caps como o centro da atenção em saúde mental, o Ministério da Saúde não previa que esses serviços pudessem se tornar um outro tipo de manicômio. Ele diz que chegou a citar em algumas discussões os termos "capicização", "enCapsulamento" e "Capscômio".

Ariane Wohel, ex-assistente social da Casa Azul, destacou na sua entrevista para a pesquisa:

> *Muitas vezes as burocracias, rotinas e regramentos exagerados institucionais e a compreensão técnica do que é saúde mental, e/ou doença mental, maquiam ou interferem no crescimento desta organização social civil pública como espaço de direitos e deveres.* (Ariane Woheh, ex-assistente social da Casa Azul)

O que foi citado por Amarante pode ser percebido em Mafra, já que o Caps "engoliu" de certa forma o desejo de associação, de grupo.

> *Em Mafra, o primeiro movimento foi a organização de um ator social, um coletivo de participação. Depois da institucionalização do Caps, percebe-se um conflito entre política e ideologia, algo que eu critico bastante... neste sentido houve um equívoco, pois o Caps não era pra ser o núcleo ou*

> *um serviço e saúde mental o responsável pela participação social.* (Paulo Amarante, supervisor da pesquisa)

Segundo contou Claudio Gastal, durante um longo tempo, foi possível manter o ideal desse projeto vívido na Casa Azul, porém houve algumas transformações políticas que mudaram a estrutura. Quando começaram a ser implantadas as Políticas Públicas de Saúde Mental no Brasil, o processo de participação da prefeitura nesse contexto fez surgir alguns atritos com a Associação Casa Azul.

Como a Associação não tinha uma regulamentação governamental, o seu serviço era mais espontâneo e existia uma maior liberdade para criar outros dispositivos de cuidado. Com as novas leis, diretrizes e um maior controle por parte da prefeitura, essa espontaneidade sofreu certas restrições e algumas perdas.

> *Com essas intervenções e restrições, começou a haver dificuldades grandes, crescentes, e certos interesses políticos. Em uma das gestões municipais, a Associação Casa Azul chegou a ser fechada. Nesse sentido, eu perdi de vista a riqueza da participação popular na criação do serviço de saúde mental.* (Cláudio Gastal, ex-psiquiatra da Casa Azul)

Dalmolin (2006) também aponta a institucionalização como um obstáculo para o cuidado efetivo em saúde mental. Ela diz:

> Por isso, meu esforço foi o de 'distanciar-me' do institucional o mais possível, tentando escapar das 'armadilhas' institucionais e aproximar-me do ponto de vista dos sujeitos que vivem o sofrimento. (DALMOLIN, 2006, P. 42)

Não são os profissionais em si os responsáveis por essa dicotomia entre Casa Azul e Caps, mas toda a sociedade. Quando ela passa por momentos de liberação, como foi nas décadas de 80, 90 e início dos anos 2000, existiu a soltura de forças desejantes que eram mais aceitas pela sociedade e vistas de forma mais construtiva do que destrutiva. Entretanto quando a mentalidade política geral muda e passa a existir uma rigidez maior e uma necessidade de disciplinar a sociedade, as forças desejantes se tornam algo que incomoda e que precisa ser cerceado.

> *Na minha opinião, o processo que aconteceu aqui em Mafra tem relação com a mudança do desejo da sociedade em si. O desejo passou a ser considerado como algo secundário e as forças disciplinadoras passaram a ser maiores e isso me leva a pensar que nós não devemos encarar as Políticas Públicas ingenuamente dentro dos propósitos que elas se colocam como ideologia. Elas são importantes, porém tem duas faces. Por um lado, elas podem ser emancipadoras, por outro têm um grande risco de se tornarem foças desfavoráveis ao desejo e favoráveis à imutabilidade das coisas devido a um poder do Estado que tira a espontaneidade de como certas coisas acontecem.* (Cláudio Gastal, ex-psiquiatra da Casa Azul)

É fato que, como política pública, no Caps precisaria haver uma série de regulamentações, todavia o que pode ser percebido é que isto se deu de uma forma para a qual os participantes da Casa Azul não estavam preparados e talvez não tenham se sentido ouvidos no processo. Outro ponto é a questão de que, além de basicamente ter sido tomado o espaço conquistado pelos participantes da Casa Azul, as promessas de que o Caps seria uma oportunidade de melhorar os investimentos na saúde mental do município também não se concretizaram a contento, ficando aquém do que foi prometido na época.

Como pode ser verificado na matéria do dia 21 de maio de 2011 (s/identificação do jornal), na figura 79, novamente o agora Caps foi alvo de denúncias da participante da Casa Azul Catarina Andersen.

Catarina denuncia que o atual funcionamento do Caps excluiu os usuários da sociedade e que a prefeitura, que deveria estar oferecendo as oficinas terapêuticas, não o estava fazendo da maneira como deveria ser.

Ela destaca para a imprensa:

> *O Caps é do usuário. Hoje me arrependo de ter enfrentado o prefeito naquela época para construir o Caps. Se fosse para ser assim, era melhor nem ter construído, nós éramos muito felizes naquela casinha pequena que era a Casa Azul, pelo menos tínhamos profissionais que nos amavam.* (Discurso extraído da reportagem figura 79)

Mafra-SC / Rio Negro-PR, 21 de maio de 2011

Caps de Mafra é mal administrado, diz usuária

Katarina Andersen, aproveitou o dia Nacional da Luta Antimanicomial em 18 de maio para denunciar a administração do Caps de Mafra. Segundo ela, o local está sendo muito mal administrado e tem excluído os usuários do local ao invés de reinseri-los na sociedade.

O Caps - Centro de Atenção Psicossocial chegou a Mafra através de verbas do governo estadual em 2009 para substituir e aumentar os serviços oferecidos pela Casa Azul, que foi fundada há vinte anos e já não conseguia atender a demanda do município. Os Caps seguem a proposta da reforma psiquiátrica, que traz para a discussão a elaboração de práticas assistenciais que produzem um novo modo de entender o sofrimento mental e de uma nova forma de cuidar de pacientes que manifestam maneiras especiais de ser e que tenham graves dificuldades de relacionamento e inserção social.

Presente em diversas cidades do Estado, o Caps se apresenta como um [illegible] ... [illegible] com as pessoas e realizar diversas atividades, de modo a promover sua reinserção na sociedade. O que, segundo Katarina Andersen, não está acontecendo em Mafra.

Os usuários do Caps, conta, passam o dia inteiro sem nenhuma atividade, e a Terapia Ocupacional oferecida atende apenas cerca de cinco dos 60 pacientes. Portadora de Transtorno Bipolar Crônico, Katarina começou a apresentar sinais de recuperação quando passou a tomar a medicação correta e a participar da Casa Azul. Hoje ela tem controle sob sua vida e já conquistou seu espaço na sociedade, mas continua participando do agora Caps [illegible] um enfermeiro, diz que não há vagas. Ela diz ainda que a psicóloga da entidade atende aos usuários de "maneira estúpida", que o lanche que deveria ser servido duas vezes ao dia é servido apenas à tarde porque pela manhã a equipe "espantou" os usuários. "Sem falar da má qualidade do lanche, eu sei que vem verba para manter o Centro muito bem".

Katarina acusa o coordenador do Caps também de causar entraves para a liberação das cestas básicas que os usuários têm direito a receber todos os meses. "Já chegou a atrasar por três meses porque ele segurou a licitação, o que não pode acontecer por se tratar de famílias carentes. Eu escutei absurdos dele, como 'eu mando aqui e dou a cesta básica para quem quiser e tiro de quem quiser'. Também a viagem de turismo que acontece todos os anos em dezembro, ainda não aconteceu", aponta.

Katarina lembra que a proposta do Caps, publicada [illegible] local, é oferecer artesanato, aulas de música, coral, oficinas de educação, oficinas de geração de renda, passeios fora do espaço do Caps, viagens de turismo, Terapia Ocupacional, aula de informática e aula de hidroginástica. "Hoje não temos nada disso".

Katarina já foi autora de outras denúncias referentes ao Caps, no ano de 2009, quando foram conseguidos recursos do governo estadual para a construção do novo prédio da Casa Azul. Cerca de R$ 20 mil repassados à Prefeitura ficaram retidos por dois anos. Em janeiro daquele ano a Prefeitura fechou as portas da Casa Azul, reabrindo somente em abril após pressão popular, mas sem profissionais como psicóloga e terapeuta ocupacional para atender aos usuários. A

Figura 79 – Notícia "Caps de Mafra é mal administrado, diz usuária, jornal não identificado em 21 de maio de 2011.
Fonte: Arquivo Pessoal de Catarina Andersen, ex-participante da Casa Azul

Em 2012, o jornal *Tribuna da Fronteira* trouxe nova denúncia em relação a irregularidades no Caps I Casa Azul de Mafra. A notícia diz "Caps de Mafra sem oficinas para os pacientes. Pela terceira vez a entidade é alvo de denúncias" (figura 80).

Caps de Mafra sem oficinas para os pacientes

Pela terceira vez entidade é alvo de denúncias

Nova denúncia de má administração do Caps de Mafra chegou à redação da Tribuna da Fronteira esta semana. Katarina Andersen, mãe de um dos pacientes da unidade, relatou a atual situação da Casa - segundo ela, sem oficinas e com outros empecilhos de reinserção dos pacientes na sociedade.

O Caps - Centro de Atenção Psicossocial chegou à Mafra através de verbas do governo estadual em 2009 para substituir e aumentar os serviços oferecidos pela Casa Azul, que foi fundada há vinte anos e já não conseguia atender a demanda do município. Os Caps seguem a proposta da reforma psiquiátrica, que traz para a discussão a elaboração de práticas assistenciais que produzem um novo modo de entender o sofrimento mental e de uma nova forma de cuidar de pacientes que manifestam maneiras especiais de ser e que tenham graves dificuldades de relacionamento e inserção social. Trata-se de um centro onde o paciente interage com as pessoas e realiza diversas atividades, de modo a promover sua reinserção na sociedade. O que, segundo Katarina Andersen, não está acontecendo em Mafra.

Segundo Katarina, não são oferecidas sequer oficinas aos pacientes, que passam o dia na unidade sentados ou circulando pelas salas. A terapeuta ocupacional da unidade atende, conta Katarina, apenas de cinco a seis pacientes por tarde. A proposta do Caps de Mafra, amplamente divulgada, era oferecer artesanato, aulas de música, coral, oficinas de educação, oficinas de geração de renda, passeios fora do espaço do Caps, viagens de turismo, Terapia Ocupacional, aula de informática e aula de hidroginástica.

Ela aponta ainda, que a secretária municipal de saúde, Beatriz Reynald dos Santos, exigiu dos usuários participação em pelo menos 80% das oficinas para terem o direito de receber a cesta básica - angariada através de reivindicações dos pacientes. "Como vamos participar se não há oficinas, não há atividades?", questiona Katarina.

A falta de material, segundo a secretária municipal, é a causa da paralisação das oficinas. Em contato com nossa redação, Beatriz afirmou que devido aos recessos de fim de ano houve atraso na entrega dos materiais, mas que estes já estão sendo providenciados para os próximos dias. Ela também destacou que a lei exige apenas uma terapeuta ocupacional para o Caps e que ela não vê a necessidade de mais funcionários na Casa para trabalhar com as oficinas. Quanto à exigência para o recebimento da cesta básica, ela diz que se referia à participação nas atividades do Caps de uma maneira geral, como consultas médicas e sessões com as psicólogas, não apenas nas oficinas. "É uma determinação a ser cumprida a longo prazo, se alguém recebe uma coisa gratuitamente, algo tem que ser feito em troca", defende.

A área médica também foi alvo de críticas de Katarina. Segundo ela, os pacientes que recebiam acompanhamento do psiquiatra foram encaminhados para uma [illegible] clínica geral do Caps, o que faz os usuários [illegible] medicação correta. Por outro lado, a secretária Beatriz [illegible] Caps lhe permite contratar um psiquiatra ou um clínico geral. "O psiquiatra nunca atendeu no Caps, mas atende os pacientes da unidade na Policlínica do SUS, existe um trabalho em conjunto", defende.

Katarina já foi autora de outras denúncias referentes ao Caps, no ano de 2009, quando foram conseguidos recursos do governo estadual para a construção do novo prédio da Casa Azul, e em maio de 2011, quando também trouxe à público a falta de oficinas na entidade. No início das construções do Caps, cerca de R$ 20 mil repassados à Prefeitura ficaram retidos por dois anos. Em janeiro de 2009 a Prefeitura fechou as portas da Casa Azul, reabrindo somente em abril após pressão popular, mas sem profissionais como psicólogo e terapeuta ocupacional para atender aos usuários. A falta de atividades se repetiu no início de 2011 e, de acordo com Katarina, novamente neste ano.

Defensora da correta administração do Caps, Katarina é portadora de Transtorno Bipolar Crônico, mas começou a apresentar sinais de recuperação quando passou a participar da Casa Azul. Hoje ela tem controle sob sua vida e já conquistou seu espaço na sociedade, mas continua participando do agora Caps para acompanhar o filho, também portador de transtorno bipolar e esquizofrenia, e defender os usuários da entidade. "É preciso preparar os pacientes para ingressar na sociedade. Eles precisam sair dali cidadãos, e não serem tratados como loucos", conclui Katarina.

Figura 80 – Notícia "Caps de Mafra sem oficinas para os pacientes. Pela terceira vez a entidade é alvo de denúncias", jornal *Tribuna da Fronteira* em 28 de janeiro de 2012. Fonte: Arquivos da Casa Azul

Nesta nova reportagem apontando irregularidades, a secretária de saúde Beatriz Reynald dos Santos teve oportunidade de defesa, todavia Catarina Andersen – autora dessas e de outras duas denúncias, uma no ano de 2009 quando conseguiram recursos para a construção da extensão da Casa Azul para funcionamento do Caps, outra em 2011 quando trouxe a público a falta de oficinas – reclama sobre a falta de oficinas e a falta de materiais para que elas funcionem e ressalta a necessidade de um médico psiquiatra no Caps, não somente um clínico geral.

Sobre o médico ser clínico geral, a secretaria de saúde amparou-se na própria portaria n. 336, de 19 de fevereiro de 2002, a qual determina que a composição da equipe do Caps I poderá ter 01 (um) médico com formação em saúde mental.

Catarina Andersen, nesta nota para a imprensa, (figura 80) diz:

> *É preciso preparar os pacientes para ingressar na sociedade. Eles precisam sair dali cidadãos e não serem tratados como loucos.*

Dalmolin (2006, p.39) de certa forma vem confirmar o que Catarina Andersen diz em nota para a imprensa, que a melhora dos sintomas, a saída do hospital, a saída da crise não garante ao doente mental que ele seja incluso na sociedade, mesmo que as limitações dele sejam mínimas:

> porque existe uma construção social do/sobre o doente mental (compactuada por boa parte dos próprios profissionais de saúde) que o coloca no lugar de excluído do mundo da cidadania, à margem da sociedade.

A questão da loucura em um determinado momento começa a provocar medo até mesmo nos profissionais, principalmente quando se trabalha com uma visão mais tradicional e isso de alguma forma aprisiona a subjetividade das pessoas.

> *A loucura, nesse sentido, transcende a lógica e o racional, ou seja, os profissionais devem entendê-la não como uma coisa ameaçadora, mas sim emancipadora e que não tem como controlá-la.* (Cláudio Gastal, ex-psiquiatra da Casa Azul)

Para Amarante, a caso da Casa Azul pode servir de exemplo de como há um conflito entre a construção da participação coletiva ou a construção da participação gerencial administrativa burocrática científica positivista de uma visão menos dialética, menos complexa e menos problematizada. Os Caps, nesse sentido, como serviços de saúde mental, seriam locais de crise permanente.

> *O apagamento da associação é um meio de neutralização desse processo crítico, autocrítico, reflexivo e que gera uma tendência a institucionalização.* (Paulo Amarante, supervisor da pesquisa)

Atualmente, nós, profissionais de saúde mental, encontramo-nos em um dilema e é questionável de que forma poder-se-ia criar resistência a esse poder disciplinador dentro da sociedade que vai contra as forças desejantes. Creio que a partir do momento em que os grupos populares e a participação popular possam ser mais fortalecidos nos espaços de saúde mental, não somente no sentido de manter a Reforma Psiquiátrica dentro de uma linha emancipadora, é possível fortalecer uma linha terapêutica mais subjetiva.

> *O grande problema, e que talvez ainda exista, foi do Caps ter se tornado o único instrumento de cuidado em saúde mental. Na época da transição deveria ter se proposto a criação de um centro de convivência gerido pela associação.* (Cláudio Gastal, ex-psiquiatra da Casa Azul)

Se formos refletir sobre o que é uma clínica não psiquiátrica, pode-se dizer que é um espaço transicional, de reorganização da personalidade, onde as pessoas inseridas devem sair de uma situação de dependência e impotência para um contexto mais independente.

> *Os espaços terapêuticos devem ser direcionados para essa possibilidade transicional, porém dentro de uma visão tradicional isso nunca será possível de ser alcançado.* (Cláudio Gastal, ex-psiquiatra da Casa Azul)

Cláudio aponta como um dos dificultadores para essa clínica não psiquiátrica a formação acadêmica atual.

> *Nesse sentido, são profissionais que reforçam a sua identidade através da sua função profissional de saber e colocam-se em uma posição superior aos outros ao invés de terem a humildade de saber que o grande saber é igual aos dos outros, é ouvi-los, é estar junto com eles e aceitar a palavra do próximo sem reforçar identidades através do seu papel como profissional. Esse é o maior erro da maioria dos serviços de saúde, pois quanto mais o "eu" for reforçado através do papel profissional, mais tradicionalmente o profissional agirá com os pacientes.* (Cláudio Gastal, ex-psiquiatra da Casa Azul)

Ainda que tenham havido várias mudanças legislativas no campo da saúde mental e elas tenham ocorrido como consequência de movimentos sociais, isso não torna os serviços necessariamente democráticos, humanos e abertos. Muitas vezes as formas tradicionais de atenção se mantêm, mesmo mudando de espaço físico.

> Observamos que a formação e capacitação dos profissionais de saúde mantêm-se pouco sintonizadas com as necessidades que favorecem o desenvolvimento e as potencialidades desse ser humano. (DALMOLIN, 2006, p.29)

Pode-se inferir que os participantes da Associação Esperança Casa Azul conquistaram um lugar social, mesmo com todas as dificuldades encontradas. A participação nos projetos culturais, a organização dos bazares, os bingos e os passeios eram uma realidade para eles que estava acontecendo e era noticiada para toda a sociedade, além da participação efetiva que tiveram e ainda têm no controle social da política pública que estrutura o Caps.

A associação Casa Azul não está em funcionamento desde 2010, apesar de duas tentativas de retomada sem sucesso em 2010 e 2019 (ver figura 81). Todavia os efeitos que ela produziu na vida dos indivíduos diagnosticados com doenças mentais no município de Mafra-SC e região ecoam até hoje.

Figura 81 – Na foto da esquerda para a direita: Reinaldo e Graça Outmayer – último tesoureiro da Casa Azul Azul; Maria Aparecida Drapalski, ex-assistente social do Caps I de Mafra; Heloisa Stockscheneider – última presidente da associação esperança Casa Azul; Cláudio Gastal – ex-psiquiatra da Casa Azul, entusiasta da causa; Adriana Moro e Andreas Scheuer Neto – contador voluntário, ano de 2019.

Os ex-participantes fizeram parte da construção de algo muito importante na vida deles e dos demais. Foram lembrados, por assim dizer, de que têm os mesmos direitos que todos os outros sujeitos: de estar em liberdade e ocupar os lugares sociais. A participação na construção da Casa Azul foi a forma mais terapêutica que poderia ter sido utilizada, antes mesmo da medicação. Ela manteve as características do viver em comunidade de forma plena, seguindo aquilo que Ostron (1990) apontou em sua teoria: houve arranjos de decisão coletiva, mecanismos de resolução de conflitos, reconhecimento mínimo dos direitos. Dentre tantos outros aspectos em que o comum foi promovido, estes que citamos em específico fizeram parte daquilo que foi a Associação Esperança Casa Azul.

Na transição da associação para o Caps, houve desejos bons, mas também transgressões, o que ainda hoje é causa de emoção e conflito. O que não pode se perder é que entre o velho e o novo, o antigo e o moderno, nada pode ser exatamente como era antes, mas é importante olhar para o passado e ser grato pelos que nos antecederam.

CONSIDERAÇÕES FINAIS – NÃO TÃO FINAIS

> ...Intervenção centrada quase que exclusivamente nos sintomas, em que o sujeito e sua subjetividades são, via de regra, desconsiderados, reforçam meus sentimentos, motivando-me a olhar mais apuradamente as contradições de um modelo de atenção à saúde mental que não me satisfaz mais com o profissional de enfermagem na área da saúde mental. (DALMOLIN, 2006, p.12)

Encontramos uma lacuna entre o presente e o passado da Casa Azul. No momento há uma tentativa de reerguer a associação, mas hoje provavelmente ela teria outra função social, diferente daquela trazida nos anos 90.

A reforma psiquiátrica é composta dos grandes e pequenos movimentos populares, de usuários, ex-usuários, familiares e profissionais de saúde mental e que hoje continuam na luta. Muito já se conquistou, e talvez os objetivos coletivos, se a associação voltasse a funcionar, seriam outros.

Mesmo assim, não podemos perder de vista como a saúde mental do município já foi. Como foi importante o movimento que construiu a Casa Azul, tanto na vida dos usuários – não deixando que influências psiquiatrizantes voltem a ter mais valor no cuidado hospitalar do que as iniciativas de cuidado em liberdade – como na vida dos profissionais, que muito se desenvolveram no contato com os usuários da Casa Azul.

As equipes mudaram, muitas coisas boas foram feitas e não podemos deixar de reconhecer isso. Temos uma tendência de sempre achar

Figura 82 – Linha do tempo "a Casa Azul e os modelos de atenção baseados no cuidado em liberdade no Brasil"
Fonte: Dados da pesquisa

que as coisas do passado eram melhores, mas muita coisa boa também tem sido feita com a herança que a Casa Azul deixou para o Caps.

Quero destacar aqui algumas notícias sobre o Caps que achei nos arquivos da Casa Azul, matérias de jornais da cidade, guardadas também pelos profissionais que na Casa Azul e no Caps I Casa Azul atuaram. Resgatei-as e estão em anexo (algumas). Há também uma carta recebida do Hospital de Custódia de um usuário do Caps que mesmo estando em uma instituição fechada não deixa de lembrar e ter gratidão pela equipe que o atendia no Caps quando estava em liberdade. Esta pode mostrar que ainda hoje o vínculo é uma das melhores formas de tratamento. Não tenho como citar o nome de todos aqui, pois não há um arquivo fidedigno, organizado, com o nome desses profissionais. Mas certamente os que fizeram parte desta história vão se reconhecer e recordar de momentos junto aos usuários da Casa Azul e do Caps I Casa Azul.

A Casa Azul passou de um sonho, um lindo e grande castelo azul (como sugeriu um paciente psicotizando), para ser, infelizmente, durante muito tempo, o lugar de colocar profissionais "na geladeira". Por algum tempo, os profissionais iam para o Caps como um "castigo" da gestão. Esse foi um dos erros relatados por ex-colaboradores! Tal ação foi traumática para os usuários do serviço e nada educativa para os colaboradores.

Outro erro importante sem ter consciência do significado que a cor azul tinha para os usuários da Casa Azul, foi pintar o Caps de uma outra cor que não fosse azul para descaracterizar daquele ambiente ao qual os usuários estavam acostumados. Pois imaginava-se que assim uma nova história poderia ser construída depois de tantas dificuldades que a instituição estava passando. Engano! Não há história futura sem o respeito à história passada.

Ao conhecer em profundidade a história dos caminhos percorridos para se chegar à Associação Esperança Casa Azul, eu me dei conta de que precisava proteger estas memórias, fazer continuar, valendo a pena tudo o que lutaram. Depois de conhecer melhor a história, até a forma como eu escuto e vejo os pacientes passaram a ser diferentes. A história da Casa Azul me devolveu sensibilidade!

Convém lembrar que o objetivo da pesquisa que originou este livro é verificar e descrever como a "participação social" influenciou no desenvolvimento de dispositivos de cuidado em saúde mental na região de Mafra. Fico feliz com o resultado, pois acredito ter conseguido contar de maneira simples e acessível como anônimos colocaram a doença mental – entre parênteses, participando da criação de um espaço coletivo onde todos puderam "ser" com menos rótulos, ocupando espaços "comuns".

Pode-se inferir que os participantes da Associação Esperança Casa Azul conquistaram um lugar social, mesmo com todas as dificuldades encontradas. A participação nos projetos culturais, a organização de feiras, bingos, viagens, bazares, o jornal eram uma realidade que pode ser percebida pela sociedade por meio da mídia e dos resultados de melhora na saúde mental dos participantes. Esta participação, o sentir-se parte de algo e a interação social em prol de um objetivo foram fatores determinantes na diminuição do número de internações psiquiátricas que os profissionais e familiares perceberam no decorrer do tempo. E, não estando mais internados por tantas vezes, tiveram mais chances de estar na comunidade e de serem protagonistas das suas próprias histórias. A construção da Casa Azul e depois do Caps foram frutos da mobilização de forças e do poder agregador que veio dos usuários e familiares.

No fundo, nós, como profissionais de saúde, de certa forma queremos regular os sujeitos que recebem um diagnóstico de transtorno mental. Deseja-se que eles estejam sem as manias deles, sem ansiedade, para que eles até nos deixem um pouco mais sossegados, que eles façam as atividades que nós pedimos, que determinamos, que por muitas vezes decidimos por eles e que, com isso, eles fiquem regulados.

Cuidar em saúde mental, respeitando as diferenças e as liberdades, demanda do profissional um domínio grande das suas próprias ansiedades. E acredito que seja nesse sentido que eu tenha mais dificuldade, pois, a partir do momento em que eu permito que o outro decida, eu saio da posição de controle.

Quando atendo pacientes que me demandam muito, que querem a minha atenção o tempo todo, que são poliqueixosos, delirantes ou que tem fortes pensamentos de morte, noto que eles requerem uma energia que em muitos momentos eu não tenho para oferecer, então é nesse sentido que me parece morar a mais complexa dificuldade.

Também ao atender aspectos que não são conhecidos, como no caso dos moradores de rua, os chamados "loucos desconhecidos", sem referência de uma rede, mínima que seja, de vizinhos, outros profissionais. Existe um medo intrínseco, o medo de não saber lidar com o diferente, com o desconhecido, medo da violência. Diversas vezes somos desejantes da medicalização para manter o sujeito fora das mobilizações sociais, fora dos campos de reclamações. Entendemos que menos medicado o sujeito é mais ele, mas, sendo mais ele, talvez esse seja o ponto que envolve o medo. O "paciente" passa a percorrer todo o sistema público com enfrentamentos, algo que nós mesmos incentivamos, pois é de direito. Mas a forma como o fazem às vezes não é adequada, tornando-se um desafio o manejo.

Cuidar em liberdade, em dispositivos de saúde que são regulados por uma política pública rígida, como é o Caps, exige um autocontrole, um autoconhecimento, uma empatia e uma humanidade que não se ensina. E quando as raízes do seu Caps têm uma história como a da Casa Azul a responsabilidade é ainda maior, por que esses usuários do serviço já souberam/vivenciaram como é e qual é o resultado da participação nas suas vidas e na da comunidade.

Não excluindo a responsabilidade dos outros dispositivos de cuidado da rede de saúde, cuidar em saúde mental tem sido um desafio nos últimos tempos. Percebe-se que o transtorno mental não escolhe classe social, cor, idade. Não escolhe, mas é fato que a grande maioria dos "pacientes" que atendemos tem o seu transtorno mental causado e/ou agravado pela sua condição social. É uma linha tão tênue entre estar mentalmente saudável e simplesmente a dali algum tempo estar inserido num mundo, num processo que parece não aceitável, de precariedade intensa. Com higiene totalmente precária, com o indivíduo não conseguindo minimante se organizar nas suas rotinas, na sua casa, em coisas que parecem muito simples.

E as nossas ações dentro da rede de atenção psicossocial são muito simples, como as escutas, elas têm um resultado, mas esse resultado é tão pequeno, tão sutil que às vezes nós mesmos como profissionais achamos que não fizemos bem ou o suficiente, que não se atingiu nenhum resultado. Somos desacreditados pelos colegas, mal remunerados ou diferentemente remunerados dos demais serviços. Não fazemos parte da Atenção Primária para receber os incentivos da mesma, mas somos juntos com eles uma rede que trabalha junto e que sozinhos não alcança resultados

Todavia, o brilho que se pode ver nos olhos daqueles que cuidam por opção de vida é aquele de quando se faz a higiene de uma pessoa ou se vai à sua casa ajudá-la a fazer uma determinada atividade como ensinar a lavar a louça. Apesar do bem que se faz, sempre penso que o nosso objetivo não é esse, ao menos não é somente esse! Não se trata de mudar a forma como as pessoas vivem, mas de dar um pouco de dignidade na forma como elas estão inseridas no mundo. E muitas delas se inserem no mundo por meio de várias atividades que a gente faz, principalmente as atividades que são relacionadas à arte e ao artesanato, atividades físicas, atividades de música e atividades culturais no geral. Atividades a que muitas pessoas ainda têm dificuldade de acesso. Imagina o quanto essa dificuldade aumenta quando se tem um "diagnóstico excludente".

Quando pessoas que vivem numa sociedade que é excludente, conseguem encontrar apoio em um Caps que tem por antecessor uma associação como foi a Casa Azul - proporcionar ações de inclusão por meio do exemplo, isso para eles, é como se acionássemos um lado da dignidade.

Mesmo assim, fico observando como sem querer, inconscientemente, tentamos enquadrar esses sujeitos dentro das paredes da instituição, queremos controlar os horários, quem entra e quem sai ou, mesmo quando se é o coordenador da unidade, como é meu caso, ou simplesmente quando se é a figura do profissional de saúde que atende no Caps, que, apesar de não usarmos jaleco, ainda não conseguimos ver direito por além das nossas lentes treinadas para ver a doença.

Outro ponto que merece destaque é que os sujeitos diagnosticados com transtornos mentais são muito diferentes no convívio dentro e fora da instituição. Os familiares nos relatam essa mudança de comportamento nessa estrutura que fornecemos como instituição, embora ainda não tenhamos conseguido ajudar o suficiente dentro da família.

A contenção necessária é muito mais psíquica, uma contenção afetiva. Quando me sento à mesa com eles, quando eles estão fazendo uma determinada atividade, eles querem atenção, eles querem me contar o que eles fizeram, como se eu fosse uma figura muito importante, (e eu não sou uma figura muito importante, nem me coloco dessa forma), porque existe sim essa figura de uma autoridade que, mesmo que seja alguém que não queira se colocar nessa posição, é uma autoridade o que eles percebem.

Eu atendo usuários que pedem para me chamar de mãe, alguns muito mais velhos que eu! Tem uma que pediu que eu a adotasse. São muitas as dificuldades da família.

É notável que as atividades que são de desenvolvimento de geração de renda, mobilizam muito os usuários. Não pelo fato de ensinar algo para eles, mas por estar com eles num determinado ambiente em que eles se sentem cuidados, que eles se sentem contidos de uma determinada forma. É muito interessante, nesse sentido, que a geração de renda, por si só, não é o foco. Dinheiro obviamente é importante, mas sentir-se parte do mundo, sentir que se tem um espaço onde você pode "estar" e "ser", isso é muito terapêutico. Os usuários vão lá e às vezes nem se ensina nada para eles, alguns aprendem na internet, mas eles continuam frequentando o lugar porque o fato principal é estar junto.

Sobre os dias atuais, da mesma forma que antes da Casa Azul os profissionais do hospital tinham muita dificuldade em manejar os casos de transtornos mentais, assim também é hoje!

Como a sociedade ainda tem medo dos que têm "diagnóstico" de transtornos mentais, enquanto estão contidos no Caps, contidos dentro de um determinado padrão, está tudo bem. Mas quando essas pessoas, esses sujeitos, entram em crise, é uma mobilização daquilo que não existe ou não se consegue visualizar, porque não é planejado. Não queremos que a crise aconteça, lógico! Não se quer que os usuários surtem, que eles entrem em crise e tudo mais. Mas isso vai acontecer, em algum momento isso acaba acontecendo e, quando se mobiliza uma rede para esse atendimento (seja ele do trajeto, SAMU, a rede de urgência, emergência), ainda assim existe uma barreira que não é possível nem descrever, mas que se sente na pele quando acompanhamos esses usuários. Então, eles fogem e também não entendemos qual é essa estrutura. Para que fugir? Eles estão fugindo de quê?

Quando eles fogem dessa estrutura que não consegue contê-los afetivamente ou até medicamentosamente essa rede ainda é assim frágil.

E, no ensino da saúde mental, eu tenho um dilema pessoal! Ás vezes acho que não há como ensinar isso para uma pessoa. A forma como esses futuros profissionais devem portar-se, pode ser, talvez, de acordo com condições muito mais éticas e moralmente aprendidas no decorrer da vida, e não ensinadas. E romper com esse círculo vicioso é algo que ainda me instiga, porque, como docente, eu não consigo ver tantas possibilidades, já que, quando se está em sala de aula, nos estágios, nós mobilizamos esses alunos e os profissionais para uma ruptura com esse sistema de isolamento e de preconceito. Mas quando eles estão na prática, isso não acontece, foge das nossas contenções.

Outro ponto que eu queria destacar ainda sobre os tempos atuais é em relação às práticas involuntárias, o quanto as pessoas são desejantes de colocar esses sujeitos diagnosticados com algum transtorno mental dentro de uma estrutura que os guarde silenciosamente.

Muitas vezes, se não é a estrutura do Caps a questionar quem é esse indivíduo, de onde ele veio, se já foi tentado algo antes da internação involuntária, a prática se torna comum e se perpétua. Por vezes o poder público simplesmente determina que se cumpra, se é o desejo de um terceiro de colocar esse sujeito incomum dentro de uma estrutura rígida, de um "manicômio".

Na verdade, o poder público muitas vezes deseja que a gente se cale! E o Caps - não a estrutura física -, mas os profissionais que estão ali atuantes, eles precisam estar atentos a essas estruturas rígidas e esses pequenos manicômios que as pessoas querem que sigamos, reproduzindo-os. Então, se não são os profissionais na fortaleza dos seus próprios ideais, talvez não consigamos proteger esses pacientes, esses usuários, esses sujeitos.

Em relação ao Caps vindo da Associação Esperança Casa Azul, as equipes mudaram, podemos destacar pontos positivos e negativos de acontecimentos no decorrer dos anos, mas o principal erro cometido foi silenciar a associação. Na verdade, ninguém sabe direito como conduzir um dispositivo ideal de cuidado em liberdade. O que se tem são os nossos achismos. Acabamos colocando em prática o que aprendemos na graduação, como relataram alguns profissionais entrevistados, o que aprendemos em nossas experiências de vida, mas quem faz realmente esse cuidado acontecer e molda esse dispositivo são os usuários.

Tenho aprendido muito ao acompanhar a história da Casa Azul e verifico que, se há a participação desses usuários, se eles não dizem se estão gostando ou não, fica mais difícil o dispositivo promover o movimento do cuidar em liberdade, e fica mais difícil também darmos conta da continuidade da reforma psiquiátrica mesmo sem incentivos externos (financeiro, de políticas públicas). O próprio Caps em si acaba se desconstruindo nas mudanças de equipe. Geralmente mudanças mais bruscas são as mudanças na gestão, e os usuários vão sentindo isso, vão perdendo os elos, porque são as vidas deles.

Então eu sempre digo que nós vamos para a nossa casa, eles vão para a casa deles, e os familiares continuam acompanhando-os, então é preciso transformá-los e aceitar aquilo que cada um tem para oferecer naquele momento. Porque eu não posso dar o meu modelo de vida exigindo que seja a vida que ele deva viver, isso viria em desencontro com aquilo que queremos colocar na prática. Então eu vejo todas essas fotos que estão aqui no livro e tantas outras dos arquivos a que tive acesso e vejo equipes com muita vontade de fazer, mas muita dificuldade em entender qual a função desse dispositivo.

Para finalizar, gostaria que olhássemos a figura 83, é o que sobrou da primeira sede da Casa Azul – uma escada.

Que, olhando para esta escada, possamos, pelo passado, ascender ao futuro, dando crédito aos anônimos que agora são um pouco mais conhecidos, os quais escreveram a história da Casa Azul. E, se a Associação nunca voltar a funcionar, que possamos mesmo assim sentir orgulho de que nosso Caps teve sua fundação na participação coletiva, na emancipação do "louco", na ocupação dos espaços a que todos temos direitos.

Figura 83 – Escada da primeira sede da Casa Azul, 16 de maio de 2022
Fonte: Arquivos de Ana Paula Becker

REFERÊNCIAS

AMARANTE, Paulo. *Loucura e transformação social: Autobiografia da reforma psiquiátrica no Brasil.* São Paulo: Zagodoni, 2021.

AMARANTE, Paulo. *Loucos pela Vida: a trajetória da reforma psiquiátrica no Brasil* (2003).

CAMPOS, Gastão Wagner de Sousa. *Um método para análise e co-gestão de coletivos: a constituição do sujeito, a produção de valor de uso e a democracia em instituições: o método da roda.* 5ª Ed. São Paulo: Hucitec, 2015.

CERQUEIRA, Luiz. *Problemas brasileiros de psiquiatria social.* Editora: Atheneu. 1984.

COSTA, Jurandir Freire. *História da psiquiatria no Brasil: um corte ideológico*. Rio de Janeiro: Garamond, 2010.

PAULIN, Luiz Fernando.; TURATO, Egberto Ribeiro. *Antecedentes da reforma psiquiátrica no Brasil: as contradições dos anos 1970*. História, Ciências, saúde – Manguinhos, v.11, n.2. p.241-258. 2004.

DAMOLIN, Bernadete Maria. *Esperança equilibrista: cartografia de sujeitos em sofrimento psíquico*. Rio de Janeiro: Editora Fiocruz, 2006.

DESVIAT, Manuel. *Coabitar a diferença: da reforma psiquiátrica à saúde mental coletiva*. 1ª ed. São Paulo: Zagodoni, 2018.

GUMBOWSKY, Argos (org.) *Mafra em dados socioeconômicos: 2019/2020*. Universidade do Contestado – Mafra, editora: UnC, 2019.

LOBOSQUE, Ana Marta. *Intervenções em saúde mental: um percurso pela reforma psiquiátrica brasileira*. Editora: Hucitec. Edição: 1, 2020.

OSTROM, Elinor. *Governing the Commons: the Evolution of institutions or collective action.* Cambridge University Press, 1990.

VIEIRA, Miguel Said. *Os bens comuns intelectuais e a mercantilização*. São Paulo: Faculdade de Educação,

SCHNEIDER, Daniela R.; et al. *Políticas de saúde mental em Santa Catarina nos anos 1970: vanguarda na psiquiatria brasileira?*

SEIKKULA, Jaakko.; ARNKIL, Tom Erik. *Reuniões dialógicas de redes sociais: formas de dialogismo no trabalho psicossocial.* Rio de Janeiro: Editora Fiocruz, 2020.

ANEXOS

Anexo 01 – Folder de lançamento do Caps I Casa Azul (200?).

Gazeta de Riomafra ■ Mafra ■ Sábado, 20 de fevereiro de 2010

Baile de máscaras agita o *CAPS Casa Azul*

O evento foi resultado de uma oficina terapêutica realizada nos meses de janeiro e fevereiro deste ano, quando os participantes confeccionaram as suas próprias máscaras

▲ DA ASSESSORIA

O CAPS Casa Azul promoveu no dia 11 de fevereiro, o seu 1º Baile de Máscaras. O evento foi resultado de uma oficina terapêutica realizada nos meses de janeiro e fevereiro deste ano, quando os participantes confeccionaram as suas próprias máscaras.

O CAPS Casa Azul é referência no tratamento de transtornos mentais, buscando como meta principal a reinserção social. O Baile de Máscaras contou com a presença dos participantes e dos colaboradores Ana Cristina Bineck Moreira (psicóloga), Alain Lourenço Gomes (enfermeiro), Fernando Roberto Ruthes (psicólogo), Francielli Mônica Prestes (terapeuta ocupacional), Giovanna Ribeiro de Medeiros (professora), Meriane do Rocio Portela e colaboradora convidada Ariane Woehl (assistente social).

Os responsáveis agradeceram a gerência do Supermercado MIG da Vila Ivete que contribuiu com a doação de um bolo.

Anexo 02 – Notícia de Jornal sobre Atividade de Baile de Máscaras do Caps I Casa Azul (2010).

Gazeta de Riomafra ■ Local ■ Sexta-feira, 11 de junho de 2010

CAPS Casa Azul comemorou Dia Nacional de Luta Antimanicomial com passeio, palestra e futsal

18 de maio - Dia Nacional de Luta Antimanicomial

Para comemorar a importância da data, o CAPS Casa Azul (Centro de Atenção Psicosocial) de Mafra realizou uma palestra motivacional, ministrada pelo professor Carlos Senff, com o objetivo de atividade educacional. Outra atividade foi a realização de um passeio ao Museu da Terra e da Vida, no Cenpáleo da UnC.

O esporte também teve destaque na comemoração, com a realização de uma partida amistosa de futsal entre um time formado por profissionais e usuários do CAPS, contra um combinado local. Segundo o enfermeiro e Coordenador do CAPS, Alain Lourenço Gomes, o resultado da partida não é relevante, pois "deve-se destacar sim a vitória conquistada através dos propósitos terapêuticos da equipe que vem dando bons resultados".

■ **LUTA ANTIMANICOMIAL**

No dia 18 de maio comemorou-se o Dia do Movimento Nacional de Luta Antimanicomial (MNLA), marco para o fim dos manicômios e trouxe à CAPS um novo modelo de atendimento. O CAPS Casa Azul de Mafra oferece um serviço de saúde aberto e comunitário e de referência no tratamento de pessoas que sofrem com transtornos mentais graves e persistentes.

■ **SAIBA O QUE É O MOVIMENTO**

O Movimento Nacional de Luta Antimanicomial (MNLA) é um movimento social existente há 17 anos e disseminado por todos os estados do Brasil. Tem como metas o fechamento de hospícios e manicômios do país e a promoção de uma cultura de tratamento, convivência e tolerância, no seio da sociedade, para as pessoas com sofrimento emocional de qualquer tipo.

▲ DA ASSESSORIA

Anexo 03 – Notícia de Jornal sobre Atividades do Dia da Luta Antimanicomial do Caps I Casa Azul (2010).

Gazeta de Riomafra ■ Mafra ■ Sábado, 04 de junho de 2011

CAPS realiza passeio ao zoológico de Pomerode

Além de passeios e oficinas terapêuticas, o CAPS (Centro de Atenção Psicossocial) realiza mensalmente reuniões com familiares dos usuários, com o intuito de discutir assuntos específicos ao tratamento dos mesmos

No último dia 24 de maio, cerca de 30 usuários do CAPS (Centro de Atenção Psicossocial) de Mafra foram conhecer o zoológico da cidade de Pomerode (Zoo Pomerode). Todos consideraram o lugar bonito, onde puderam, além de aproveitar um dia de alegria, com almoço, diversão e emoção, ainda conhecer de perto animais como ursos, leões, onças, jacares, macacos e aves. Muitos dos participantes nunca haviam visto estes animais de perto, somente através da televisão ou revistas. "Achei muito legal. Eu nunca tinha ido a um zoológico", disse M. R.O, de 33 anos, um dos usuários do CAPS. A equipe de [illegible] de Saúde, Maria Beatrice Reynaud dos Santos, que destacou a importância da atividade para pessoas que muitas vezes se sentem discriminadas por serem pessoas em sofrimento mental.

O passeio, segundo a psicóloga Thiany Nunes, "teve por objetivo a inserção social dos usuários, sendo uma atividade terapêutica".

■ **FAMÍLIA**

Além de atendimentos e oficinas terapêuticas, o CAPS realiza mensalmente reuniões com familiares dos usuários, com o intuito de discutir assuntos específicos ao tratamento proposto. Na [illegible]

■ **REABILITAÇÃO PSICOSSOCIAL**

O Centro de Atenção Psicossocial (CAPS) não tem função assistencialista, mas sim de realizar um tratamento com o foco na reabilitação psicossocial e na reapropriação dos papéis sociais do indivíduo com transtorno mental.

O CAPS de Mafra tornou-se um serviço de ponta, pois tem realizado ações que estão de acordo com as novas leis de saúde mental e com as políticas públicas atuais para esta área de saúde. Um exemplo disto são as oficinas terapêuticas da instituição, para reabilitação psicossocial. Segundo o Coordenador e enfermeiro da CAPS, Alain Lourenço

■ **CESTA BÁSICA**

O CAPS de Mafra junto com a Secretaria Municipal da Saúde criaram um projeto de distribuição de cestas básicas aos seus usuários vinculados ao serviço. Segundo Alain Lourenço Gomes, este projeto beneficia os usuários de baixa renda da instituição. "Desta forma os usuários podem utilizar seus recursos financeiros para inserirem-se em demais setores da vida cotidiana como lazer, cultura, esporte e até mesmo educacionais", disse. Ele ressaltou ainda que "o CAPS de Mafra é o único a realizar entrega de cestas básicas, pois, não há lei que obrigue a distribuição das mesmas".

Anexo 04 – Notícia de Jornal sobre Atividade de Passeio ao Zoológico do Caps I Casa Azul (2011).

06 Quarta-feira, 20 de setembro de 2017 Edição nº 3039 Gazeta de Riomafra **Local**

Setembro Amarelo é destaque na sessão ordinária de segunda-feira

O dia dez de setembro é considerado o dia mundial de prevenção ao suicídio, por isso a Secretaria Municipal de Saúde organizou ações durante todo o mês para levar informações e ajuda à comunidade mafrense

Foto: Divulgação

A campanha Setembro Amarelo de prevenção ao suicídio foi destaque na sessão ordinária de segunda, 18, na Câmara de Vereadores de Mafra. A enfermeira do Centro de Atenção Psicossocial (CAPS), Adriana Moro, foi a oradora da noite e explicou sobre a campanha em prol da vida.

O dia dez de setembro é considerado o dia mundial de prevenção ao suicídio, por isso a Secretaria Municipal de Saúde organizou ações durante todo o mês para levar informações e ajuda à comunidade mafrense.

Entre as ações, está usar um laço amarelo nos ambientes de trabalho, decoração dos ambientes de trabalho com a cor amarela, distribuição de panfletos com orientações nos grupos já existentes e para população em geral. E também a realização do 4º Seminário de Prevenção ao Suicídio voltando à capacitação de profissionais de saúde, educação, assistência social para manejo com o público infantil e jovem. O seminário ocorrerá no próximo dia 22, às 8h15min, no auditório da Amplanorte.

Além disso, a enfermeira Adriana explicou que há diversos sinais de alerta antes das pessoas cometerem suicídio, como mudança na personalidade, nos hábitos alimentares ou no sono; comportamento retraído, dificuldade de relacionamento pessoal; sentimento de ódio, sentimento de culpa, de se sentir sem valor ou com vergonha.

Também é importante ficar atento às frases tais como "não agüento mais", "sou um peso"; sentimentos de tristeza profunda contínua e/ou falta de interesse no futuro. Pessoas que passaram por uma perda recente importante (morte, divórcio, separação) também podem desencadear todos esses sentimentos e também se deve ficar atento a pessoas que já realizaram tentativas de suicídio anteriores e/ou possuem história de suicídio na família; dependência química e/ou doenças psiquiátricas.

Adriana destacou que um dos principais mitos que deve ser quebrado é de quem fala em suicídio não comete. Segundo a enfermeira, quem fala em se matar tem até 30 vezes a mais de chance de cometer suicídio. Por isso é fundamental estar alerta com as pessoas ao nosso redor. Por fim, a Adriana informou que toda rede de saúde municipal possui funcionários capacitados para atender pessoas que precisam de ajuda. Também esclareceu que o CAPS faz o atendimento sem encaminhamento da unidade básica de saúde.

Os vereadores apoiam o Setembro Amarelo e afirmaram que os esclarecimentos serão úteis para informação a população mafrense.

▲ DA ASSESSORIA

Anexo 05 – Notícia de Jornal sobre Atividade do Setembro Amarelo na Câmara Municipal de Mafra-SC (2017).

06 Sexta-feira, 05 de outubro de 2018
Edição nº 3141
Gazeta de Riomafra
Mafra

Conheça os serviços oferecidos pelo CAPS de Mafra

O CAPS também funciona como porta aberta, recebendo as demandas de urgência relacionadas à ideação suicida, funcionando das 7h às 17h, de segunda a sexta feira, sem fechar para o almoço

Foto: Divulgação

O CAPS I - Casa Azul. Tem como função principal a reabilitação psicossocial. São atendidos no CAPS de Mafra agravos de saúde mental graves e persistentes, pessoas com problemas com álcool e outras drogas com idade acima de 12 anos, geralmente encaminhados pelos outros serviços da Rede - ESFs, Policlínica, Núcleo Materno Infantil, UPA, entre outros.

O CAPS também funciona como porta aberta, recebendo as demandas de urgência relacionadas à ideação suicida, funcionando das 7h às 17h, de segunda a sexta feira, sem fechar para o almoço. O CAPS faz atendimento em grupo e individuais, possui grupos terapêuticos para mulheres, dependentes químicos e familiares de dependentes químicos, grupo de gestão autônoma de medicamentos, de atividades de vida diária, também reabilitação com dança, atividades físicas, terapias integrativas, como auriculoterapia, acupuntura, arteterapia e música, atendimento médico e de enfermagem, serviço de psicologia, terapia ocupacional e serviço social.

Promove passeios de reintegração social, cursos para reposicionamento no mercado de trabalho em parceria com outras instituições, ações de matriciamento com as Estratégias de Saúde da Família, além de acompanhamento domiciliar quando necessário, palestras em escolas e empresas do município.

A equipe do CAPS de Mafra também trabalha no apoio as ações de saúde mental para crianças até 12 anos no Núcleo Materno Infantil e no dia de saúde do trabalhador nas ESFs do Faxinal, Vista Alegre, Jardim América e ESF Central, com o grupo de Saúde Mental e Qualidade de Vida. Sempre com o objetivo de devolver autonomia aos usuários e promover saúde mental. No ano de 2017 foram realizados 4.065 atendimentos individuais na instituição e até o momento 4.635 neste ano.

CONHEÇA A EQUIPE DE PROFISSIONAIS

Adriana Moro - Coordenadora e Enfermeira
Patrícia Wormsbecker - Técnica de Enfermagem
Tiago Feller - Psicólogo
Jéssica Sartori Ribeiro - Psicóloga
Elaine de F. Jungles - Professora de Artes Visuais
Rosangela Serger - Merendeira
Helen Jésssica Silva - Naturóloga
Etela Malko - Terapeuta Ocupacional
Eliane Moreira - Auxiliar de Serviços Gerais
Ana Carolina Morilho de Spuza - Farmacêutica
Cintia Prolo - Médica
Miguel Cocicov - Médico
Maria Aparecida Drapalski - Assistente Social
Katlyn Correia de Siqueira - Professora de dança
Cauan de Souza - Estagiário psicologia
Jéssica Hening - Estagiária Enfermagem
Dhauana Alves - Estagiária Enfermagem

▲ DA ASSESSORIA

Anexo 06 – Notícia de Jornal sobre Atividades Realizadas no Caps I Casa Azul (2018).

Projeto CAPS na comunidade esteve no Colégio Santo Antônio fazendo ação de prevenção ao suicídio

A equipe do CAPS contou com o apoio das Agentes Comunitárias de Saúde do ESF Central e das professoras Jane Krauzer Lizmeyer, Joice Patricia Peters e Marielle de Sá do Colégio Santo Antônio

Fotos: Divulgação

Nesta última quarta feira dia 03 de outubro a equipe do CAPS I – Casa Azul de Mafra esteve no Colégio Santo Antônio realizando palestra de Prevenção do Suicídio para 690 alunos, estes, dos últimos anos do ensino fundamental e ensino médio.

A equipe do CAPS contou com o apoio das Agentes Comunitárias de Saúde do ESF Central e das professoras Jane Krauzer Lizmeyer, Joice Patrícia Peters e Marielle de Sá do Colégio Santo Antônio.

Segundo a coordenadora do CAPS Adriana Moro, o mês escolhido para dar visualização a prevenção do suicídio é setembro, mas todos os dias é preciso trabalhar a prevenção do suicídio em toda a comunidade: "*Falar é a melhor solução, principalmente por conta da quebra de tabus e o enfrenta- questão de saúde pública, que leva a morte 32 brasileiros por dia, mais do que o HIV ou muitos tipos de câncer, por exemplo. Assim, se o suicídio é prevenível em 90% dos casos, como aponta a Organização Mundial da Saúde, é preciso saber como preveni-lo e isso só se sabe com informação e conhecimento. Por isso, é preciso falar. A sociedade em geral precisa reco- dades, ouvir profissionais e ter acesso a formas de apoio*" – diz Adriana.

Adriana enfatiza também que as ações extra muro do CAPS são fundamentais, e que outras escolas serão visitadas com o projeto, pois além da reabilitação psicossocial que é o grande papel do CAPS, ações de prevenção e promoção à saúde também são foco da atual gestão.

Anexo 07 – Notícia de Jornal sobre ações de prevenção ao suicídio realizadas pela equipe do Caps I Casa Azul nas escolas do município (2018).

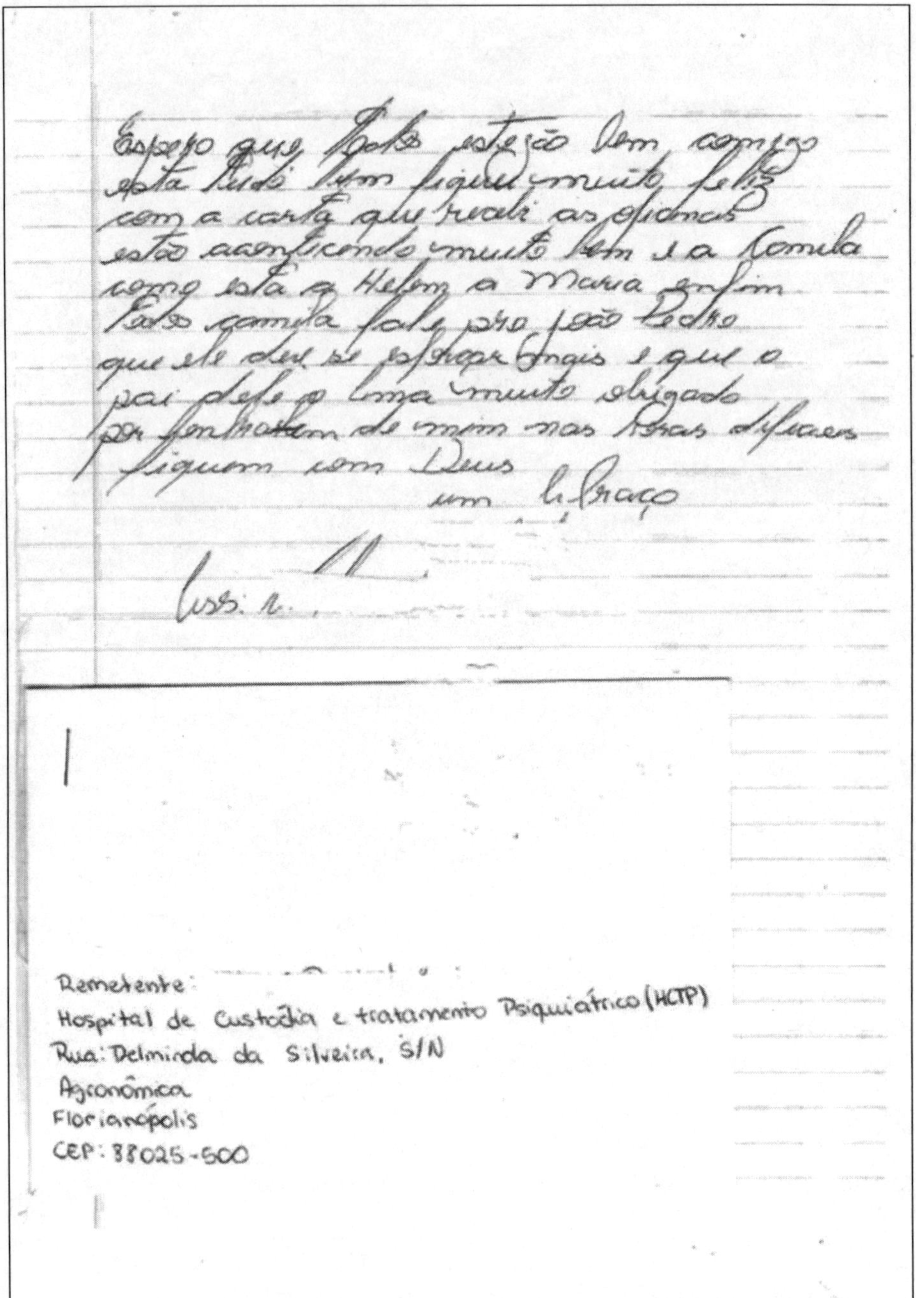

Espero que todos estejão bem comigo
esta tudo bem fiquei muito feliz
com a carta que recebi as oficinas
estão acontecendo muito bem e a família
como esta a Helem a Maria enfim
toda família fale pro João Pedro
que ele deve se esforçar mais e que o
pai dele o ama muito obrigado
por lembrarem de mim nas horas difíceis
fiquem com Deus
um abraço

Ass: R.

Remetente:
Hospital de Custódia e tratamento Psiquiátrico (HCTP)
Rua: Delminda da Silveira, S/N
Agronômica
Florianópolis
CEP: 88025-500

Anexo 08 – Carta de usuário do Caps I Casa Azul internado no Hospital de Custódia do Estado de Santa Catarina (2021).

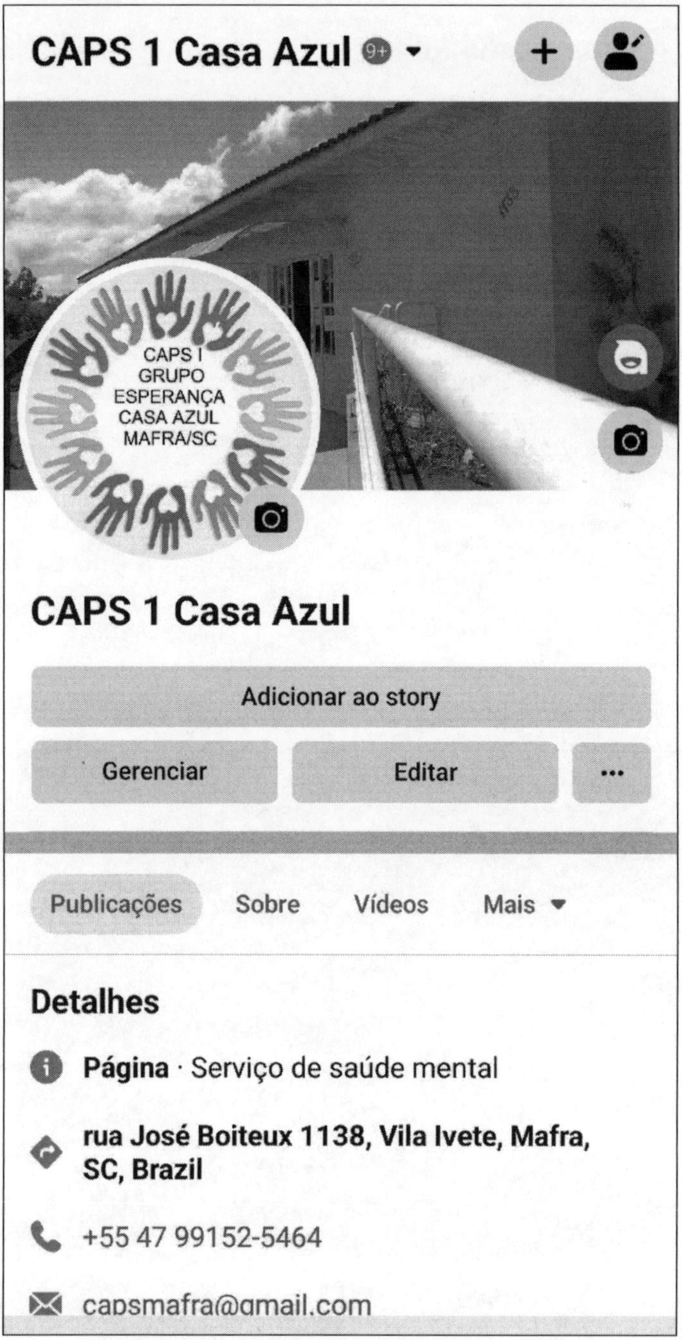

Anexo 09 – Página Inicial Facebook Caps I Casa Azul (2022).

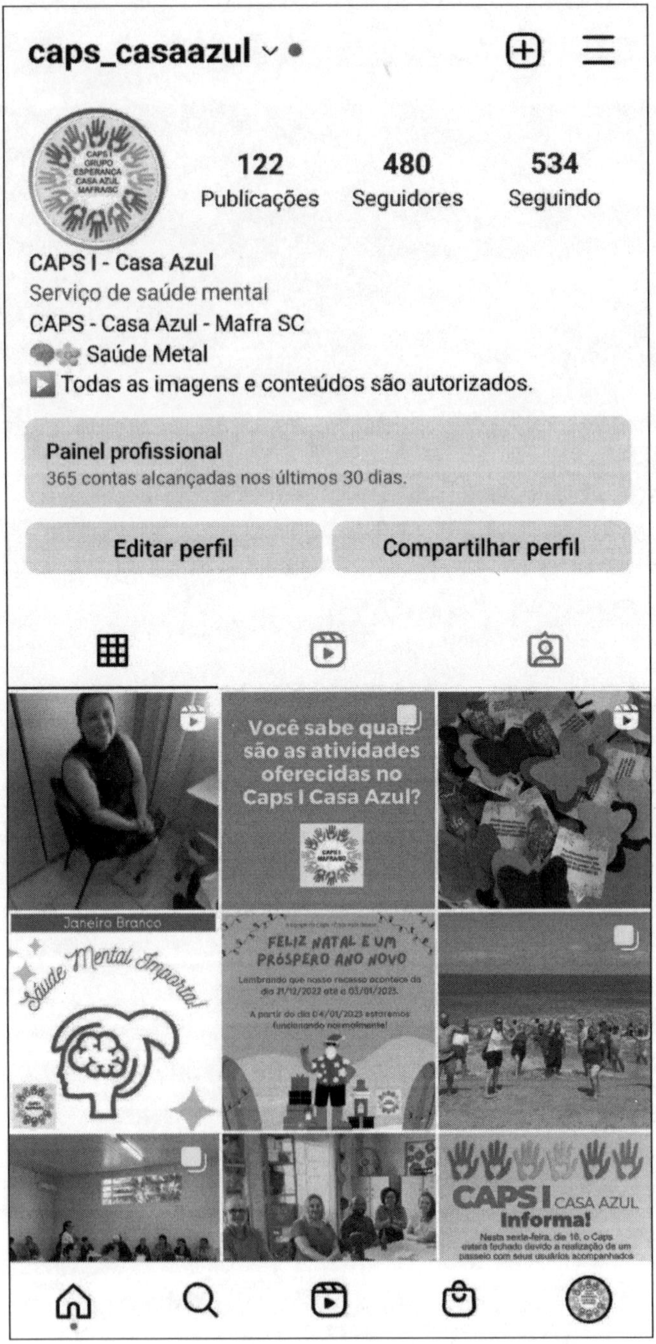

Anexo 10 – Página inicial Instagram Caps I Casa Azul (2023).

Papel pólen natural 80g/m²
Tipologias Garamond 12 e Trajan Pro 12, 14 e 18
Impresso no verão de 2023